管理统计分析实验

李 婕 著

经济科学出版社

图书在版编目(CIP)数据

管理统计分析实验/李婕著. —北京:经济科学出版社,2014.8
ISBN 978 - 7 - 5141 - 4879 - 4

Ⅰ.①管… Ⅱ.①李… Ⅲ.①经济统计学 - 统计
分析 - 高等学校 - 教材 Ⅳ.①F222

中国版本图书馆 CIP 数据核字(2014)第 171984 号

责任编辑:计 梅 张 萌
责任校对:徐领柱
责任印制:王世伟

管理统计分析实验

李 婕 著

经济科学出版社出版、发行 新华书店经销
社址:北京市海淀区阜成路甲 28 号 邮编:100142
总编部电话:010 - 88191217 发行部电话:010 - 88191104
网址:www.esp.com.cn
电子邮件:esp@ esp.com.cn
天猫网店:经济科学出版社旗舰店
网址:http://jjkxcbs.tmall.com
保定市时代印刷厂印刷
保定市时代装订厂装订
787×1092 16 开 7.75 印张 183000 字
2014 年 8 月第 1 版 2014 年 8 月第 1 次印刷
ISBN 978 - 7 - 5141 - 4879 - 4 定价:24.00 元

前　言

随着高等教育对实践环节力度的加大，实验课程的改革也日益重要，尤其是社会经济管理类学生的实践教学。《管理统计分析实验》是面向高等学校经济管理类相关专业本科生《管理统计分析》课程的专用实训教材。本书是温州大学城市学院经管实验室建设的研究成果，作者从事多年经济学、统计学和管理统计分析的教学，有着较为丰富的实践教学经验。

本书的编写主要以问题为先导，以解决思路为线索，以 SPSS17.0 操作为辅助，强调操作步骤和过程，充分体现了理论与实践的紧密结合。

全书共由 21 个实验组成：

实验一和实验二主要是基本数据文件的建立和数据的编辑和整理。

实验三～实验七是描述性分析。具体内容包括基本描述统计（实验三和实验四）、交叉列联表分析（实验五）和多重响应分析（实验六）。实验七是描述性分析综合实验。

实验八～实验十三是差异性分析。具体内容包括单样本 T 检验（实验八）、两样本 T 检验（实验九）、单因素方差分析（实验十）和多因素单变量方差分析（实验十一）。实验十二和实验十三是差异性分析综合实验。

实验十四～实验十八是相关分析与回归分析。具体内容包括相关分析（实验十四）、一元回归分析（实验十五）和多元线性回归分析（实验十六）。实验十七和实验十八是相关分析与回归分析综合实验。

实验十九和实验二十是非参数检验。

实验二十一是因子分析。

本书可以作为高等学校经济管理类各专业本、专科学生的统计学或管理统计分析实验指导书，也可以作为相关技术人员的参考用书。本书所涉及的数据文件，均以光盘形式随书赠送。

本书在编写过程中，吸取了众多相关书籍的精华，承蒙许多同行专家的指导，在此表示诚挚的感谢！

限于编者的经验和水平，本书仍有不当之处，恳请专家和读者不吝赐教！

编　者
2014 年 6 月

目　　录

SPSS 工具简介

【SPSS 简介】

SPSS 为 "Statistical Package for the Social Science 社会科学统计软件包" 的缩写。SPSS 是美国 SPSS 公司在 20 世纪 80 年代开发的一个集数据整理、分析过程、结果输出等功能于一身的组合式软件包,是数据处理和统计领域的国际标准软件之一。随着 SPSS 产品服务领域的扩大和服务程度的加深,SPSS 公司于 2000 年正式将英文全称更改为 "Statistical Product and Service Solutions",意为 "统计产品与服务解决方案"。

SPSS 软件是一款在调查统计行业、市场研究行业、医学统计、政府和企业的数据分析应用中享有盛名的统计分析工具,是世界上著名的统计分析软件。全球 500 强中有 80% 的公司使用 SPSS,而其在市场研究和市场调查领域更是有超过了 80% 的市场占有率。因此,SPSS 是世界上应用最广泛的统计分析软件。

SPSS 现已推广到多种操作系统的计算机上,它和 SAS、BMDP 并称为国际上最有影响的三大统计软件。和国际上几种统计分析软件比较,它的优越性更加突出。在众多用户对国际常用统计软件 SAS、BMDP、GLIM、GENSTAT、EPILOG、MiniTab 的总体印象分的统计中,其诸项功能均获得最高分。在国际学术界有条不成文的规定,即在国际学术交流中,凡是用 SPSS 软件完成的计算和统计分析,可以不必说明算法,由此可见其影响之大和信誉之高。

SPSS 的基本功能包括数据管理、统计分析、图表分析、输出管理等。SPSS 统计分析过程包括描述性统计、均值比较、一般线性模型、相关分析、回归分析、对数线性模型、聚类分析、数据简化、生存分析、时间序列分析、多重响应等几大类,每类中又分好几个统计过程,比如回归分析中又分线性回归分析、曲线估计、Logistic 回归、Probit 回归、加权估计、两阶段最小二乘法、非线性回归等多个统计过程,而且每个过程中又允许用户选择不同的方法及参数。SPSS 也有专门的绘图系统,可以根据数据绘制各种图形。

目前,SPSS 已具有适合 DOS、Windows、UNIX 等多种操作系统使用的产品,国内常用的是适合于 DOS 和 Windows 的版本。SPSS For Windows 是 SPSS 软件的 Windows 版本,它具有清晰、直观、易学易用、涵盖面广的特点。SPSS For Windows 的最新版本为 SPSS For Windows 19.0 版本。各种版本的 SPSS For Windows 大同小异。但在 SPSS17.0 之前的版本为英文版，SPSS17.0 则是多国语言版，不同于其他的汉化版。本书的实验操作指导以 SPSS17.0 中文版为例来说明。

【SPSS 的安装、启动和退出】

1. 安装

作为 Windows 操作系统的应用软件产品，SPSS For Windows 安装的基本步骤与其他常用的软件基本相同。其具体步骤如下：

（1）启动计算机，将 SPSS 软件安装光盘插入光盘驱动器。

（2）运用资源管理器，鼠标双击光盘驱动器图标。

（3）在资源管理器目录窗口中找到 SPSS 的起始安装文件 setup 并执行。此时会看到 SPSS 安装的初始窗口，系统将自动进行安装前的准备工作。

（4）按照安装程序的提示，用户根据自己的需要填写和选择必要的参数。一般的选项为：

①接受软件使用协议。

②指定将 SPSS 软件安装到计算机的某个目录下。

③选择安装类型。SPSS 有典型安装（typical）、压缩安装（compact）和用户自定义安装（custom）三种安装类型。一般选择典型安装。

④选择安装组件。SPSS 具有组合式软件的特征，在安装时用户可以根据自己的分析需要，选择部分模块安装。一般可接受安装程序的默认选择。

⑤选择将软件安装在网络服务器上还是本地计算机上。通常安装在本机计算机上。

⑥输入软件的合法序列号。在购买 SPSS 软件时厂商会提供序列号。

2. 启动

安装完毕后，应注意查看是否有安装成功的提示信息出现，以判断是否已经将 SPSS 成功地安装到计算机上了。安装成功后就可以启动运行 SPSS For Windows 软件了。SPSS 有三种启动方法：

（1）有程序启动，步骤如下：【开始】—【程序】—【SPSS For Windows】。

（2）双击 SPSS 图标启动。

（3）如果已经建立了 SPSS 数据集，可双击 SPSS 数据集图标启动。

SPSS 启动后，屏幕上将会出现显示版本的提示画面和文件选择对话框，并同时打开 SPSS 主窗口。

3. 退出

SPSS 有三种退出方法：

（1）双击主窗口左上角的窗口菜单控制图标。

（2）在主窗口中按下列步骤退出：【文件】—【退出】。

（3）单击主窗口右上角叉子图标。

【SPSS 的主要界面】

SPSS 软件运行过程中会出现多个界面，各个界面用处不同。其中，最主要的界面有三个：数据浏览界面、变量浏览界面和结果输出界面。

1. 数据浏览界面

数据浏览界面是启动 SPSS，出现 SPSS 主窗口后的默认界面，主要由以下几个部分组成：标题栏、菜单栏、工具栏、编辑栏、变量名称、内容栏、窗口切换标签、状态栏（如图 0 - 1 所示）。

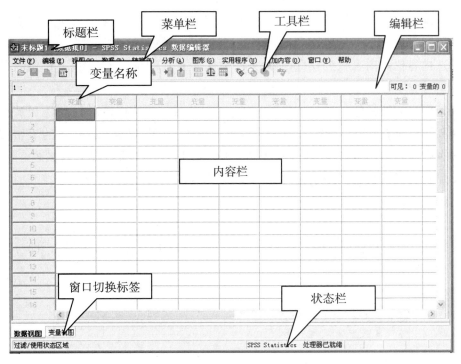

图 0 - 1　数据浏览界面

（1）标题栏。标题栏显示数据编辑的数据文件名。

（2）菜单栏。菜单栏包括 SPSS 的 11 个命令菜单，每个菜单对应一组相应的功能。

【文件】完成文件的调入、存储、显示和打印等操作。用于新建 SPSS 各种类型文件，打开一个已存在的文件，从文本文件或其他数据源读入数据。

【编辑】完成文本或数据内容的选择、撤消、剪切、复制、粘贴、查找、替换、改变 SPSS 默认设置等。

【视图】是用户界面设置菜单。

【数据】是数据的建立与编辑菜单。完成数据变量名称和格式的定义，数据资料的选择、排序、加权、数据文件的转换、连接和汇总等操作。

【转换】是数据基本处理菜单。完成数据值的计算、重新编码和缺失值替代等操作。

【分析】是统计分析菜单，完成一系列统计分析的选择和应用。

【图形】是统计图形菜单，输出各种分析图形。

【实用程序】是统计分析实用程序菜单

【附加内容】这是 SPSS16.0 及以上版本新增的一个命令菜单。

【窗口】是窗口控制菜单。

【帮助】是帮助菜单。

（3）工具栏。工具栏中列示了一些常用操作工具的快捷图标。操作者可以工具需要增减操作工具栏中的快捷图标，以使操作更为方便。

（4）编辑栏。在编辑栏中可以输入数据，以使它显示在内容区指定的方格里。

（5）变量名栏。变量名栏列出了数据文件中所包含变量的变量名。

（6）内容栏。内容栏列出了数据文件中的所有观测值。左边的序号列示了数据文件中观测个体的序号（常称为个案）。

（7）窗口切换标签。窗口切换标签处有两个标签：【数据视图】和【变量视图】，通过点击下端的 2 个窗口标签按钮来实现相互切换。【数据视图】对应的表格用于样本数据的查看、录入和修改。【变量视图】用于变量属性定义的输入与修改。

（8）状态栏。状态栏用于说明显示 SPSS 当前的运行状态。SPSS 被打开时，将会显示"SPSS Statistics 处理器已就绪"的提示信息。

2. 变量浏览界面

在主窗口中的数据浏览界面上点击窗口切换标签中的【变量视图】，即可进入变量浏览界面（如图 0 - 2 所示）。

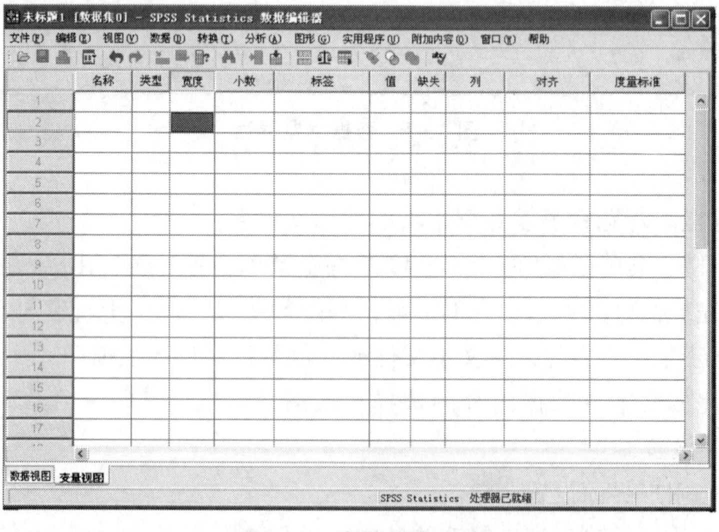

图 0 - 2 变量浏览界面

在变量浏览界面中可对数据文件中的各个变量进行定义。建立数据集时，需要定义变量的 10 个属性。这 10 属性分别是：

名称：变量名。变量名必须以字母、汉字及 @ 开头，总长度不超过 8 个字符，共容纳 4 个汉字或 8 个英文字母，英文字母不区别大小写，最后一个字符不能是句号。如果变量名太长，可以使用变量标签。

类型：变量类型。变量类型有 8 种，最常用的是数值型变量、日期型、字符型（如图 0 - 3 所示）。

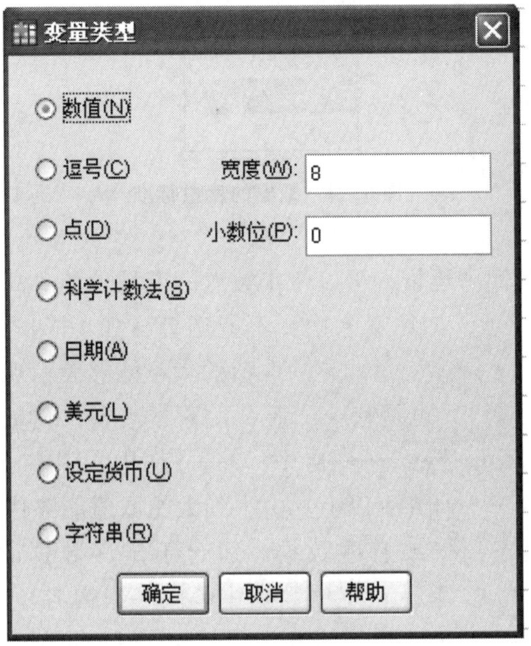

图 0 - 3　变量类型

宽度：变量所占的宽度。可以根据实际情况修改。

小数：小数点后位数。保留几位小数，可以根据实际情况修改。

标签：变量标签。是关于变量涵义的详细说明。如"XW1"代表"报纸"。

值：变量值标签。关于变量各个取值的涵义说明。如：1—男　2—女。值标签是对变量的每一个可能取值的进一步描述，当变量是名义或定序变量时，这是非常有用的。单击【值】相应单元，可以在值标识对话框中进行设置。

缺失：缺失值的处理方式，可能某些项没有填写，在统计上称为"缺失值"。SPSS 有两类缺失值：系统缺失值和用户缺失值。在数据长方形中任何空的数字单元都被认为系统缺失值，用点号（·）表示。SPSS 可以指定那些由于特殊原因造成的信息缺失值，然后将它们标为用户缺失值，统计过程识别这种标识，带有缺失值的观测被特别处理。默认值为 ［没有缺失值］。单击【缺失值】相应单元中的按钮，可改变缺失值定义方式。如在变量"文化程度"中：9——不详，则"9"为缺失值。

列：变量在数据编辑窗口中所显示的列宽（默认列宽为8）。

对齐：数据对齐格式（默认为右对齐）。

度量标准：数据的测度方式。这个度量标准很重要，不同的变量采用的处理方式可能会不同。可供选择的变量测度类型有：度量、有序、名义（如图0－4所示）。

图0－4　数据的度量标准

度量型数据可以作四则运算，可以带小数点的变量。如身高、体重。有序型：对表示顺序的变量选择此项，如比赛名次。不能运算，如1—小学　2—初中等等。有序变量又称为定序变量、顺序变量，它的取值的大小能够表示观测对象的某种顺序关系（等级、方位或大小等），也是基于"质"因素的变量。例如，"最高学历"变量的取值是：1——小学及以下；2——初中；3——高中、中专、技校；4——大学专科；5——大学本科；6——研究生以上。由小到大的取值能够代表学历由低到高。有序变量的取值称为定序数据或有序数据。适合于定序数据的数学关系是"大于（＞）"和"小于（＜）"关系。在定序数据中，同一组内各单位是等价的，相邻组之间的单位是不等价的，它们存在"大于"或"小于"的关系。并且进行保序变换（或称单调变换），则不改变数据原有的基本信息即等级顺序。最适合用于综合定序数据取值的集中趋势的统计量是中位数。名义型：对表示分类的变量选择此项，如民族、性别（1—男　2—女），不代表大小。名义变量又称为定类变量。这是一种测量精确度最低、最粗略的基于"质"因素的变量，它的取值只代表观测对象的不同类别，例如"性别"变量、"职业"变量等都是定类变量。定类变量的取值称为定类数据或名义数据。定类数据的共同特点是用不多的名称来加以表达，并由被研究变量每一组出现的次数及其总计数所组成，这种数据是枚举性的，即由计数一一而得。唯一适合于定类数据的数学关系是"等价关系"。因而，在定类数据中，同一组内各单位是等价的，若同时更换各不同组的符号并不会改变数据原有的基本信息。因此，最常用来综合定类数据的统计量是频数、比率或百分比等。

一般地，名义变量和有序变量用于描述定性数据，属于定性变量；而度量数据用于描述定量数据，属于定量变量。

定义了变量的各种属性后，回到【数据视图】窗口，就可以直接在表中录入数据。输入数据后可以点击【保存】或【另存为】作为数据文件保存。另外对于统计分析的结果也可以作为文件保存起来。

3. 结果输出界面

结果输出界面是 SPSS 的另一个主要界面，该界面的主要功能是显示和管理 SPSS 统计分析的结果、报表及图形。

实验一 建立数据文件

【实验目的】

掌握 SPSS 的启动方式和退出方式，认识 SPSS 的主界面，掌握 SPSS 的数据录入方法、变量值标签的设置方法、SPSS 的文件保存方法。

【实验内容】

练习1：打开 EXCEL 文件"1 职工数据.xls"。建立 SPSS 数据文件，定义数据类型并保存文件；插入一个新变量"月工资"，按如下格式进行定义：

	名称	类型	宽度	小数	标签	值	缺失	列	对齐	度量标准
1	月工资	数值(N)	8	0		无	无	8	量 右(R)	✐ 度量(S)

输入"月工资"数据〔前面是工人编号，后面是月工资额〕：1——2400 元；2——1500 元；3——900 元；4——1800 元；5——1600 元；6——850 元；7——2360元；8——2100 元；9——3200 元；10——1750 元；11——2200 元；12——1900 元；13——1450 元；14——3400 元；15——2000 元；16——2100 元；17——1350 元；18——2500 元；19——2050 元；20——1950 元。插入一个样本，编号 21，性别女，年龄 25，文化程度大专，技术级别 4 级，月工资 1280。

练习2：打开 EXCEL 文件"1 学生成绩.xls"，建立 SPSS 数据文件，求总成绩，并按总成绩分班排名次。

【实验数据】

练习1：EXCEL 文件"1 职工数据.xls"。

练习2：EXCEL 文件"1 学生成绩.xls"。

【实验步骤】

练习1

（1）打开 SPSS 主窗口，选择【文件】—【打开】—【数据】。如图 1-1 所示。

图 1-1　打开数据文件示意

（2）选择文件类型为"Excel（*.xls）"，然后选择文件"1 职工数据.xls"，在 SPSS 中打开数据。如图 1-2 所示。

图 1-2　打开 Excel 文件示意

（3）选择好相应的工作表。如图 1 - 3 所示。

图 1 - 3　打开 Excel 数据示意

（4）单击【确定】，打开数据如图 1 - 4 所示。

	工人编号	性别	年龄	文化程度	技术级别	变量	变量	变量
1	1	男	52	小学	6			
2	2	男	30	技校	3			
3	3	男	19	技校	2			
4	4	男	46	中专	4			
5	5	女	47	初中	4			
6	6	男	34	初中	2			
7	7	女	22	技校	8			
8	8	男	31	中专	5			
9	9	男	55	技校	8			
10	10	男	32	技校	5			
11	11	女	49	高中	4			
12	12	男	34	技校	4			
13	13	男	34	技校	4			
14	14	男	61	大专	7			
15	15	男	36	技校	4			
16	16	女	40	大专	5			
17	17	女	30	高中	4			
18	18	男	45	高中	5			
19	19	女	40	小学	4			
20	20	女	35	中专	5			

图 1 - 4　打开数据文件

（5）对性别进行编码。在数据视图窗口选择【转换】—【重新编码为相同变量】，打开对话框，将"性别"放入"字符串变量"中。如图 1 - 5 所示。

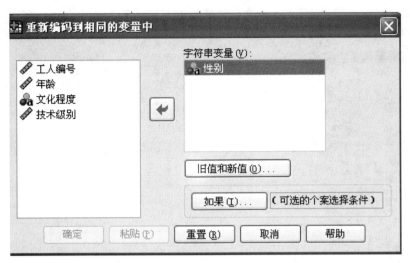

图 1-5　重新编码到相同变量对话框

（6）单击【旧值与新值】，将"男"定义为"1"，"女"定义为"2"。如图 1-6所示。

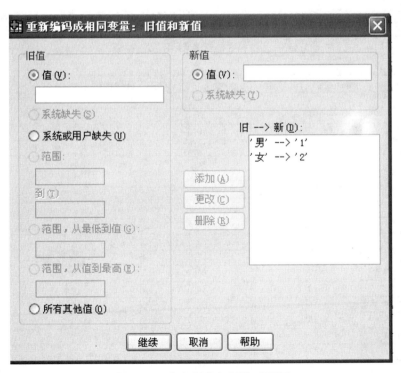

图 1-6　定义旧值与新值对话框

（7）更改"性别"的数据类型为"数值型"，然后定义"性别"的值标签。将"1"加标签"男"，"2"加标签"女"。如图 1-7 所示。

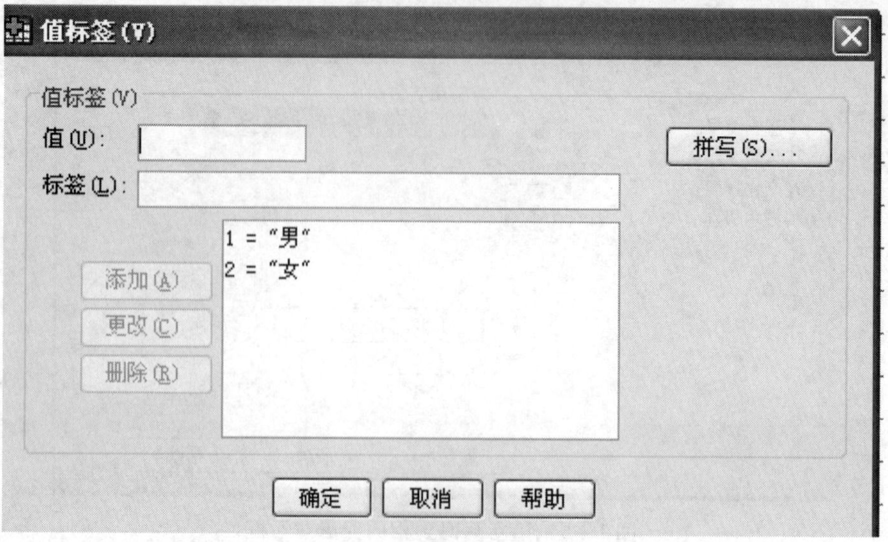

图 1－7　定义值标签对话框

(8) 同理对“文化程度”进行操作。结果如图 1－8 所示。

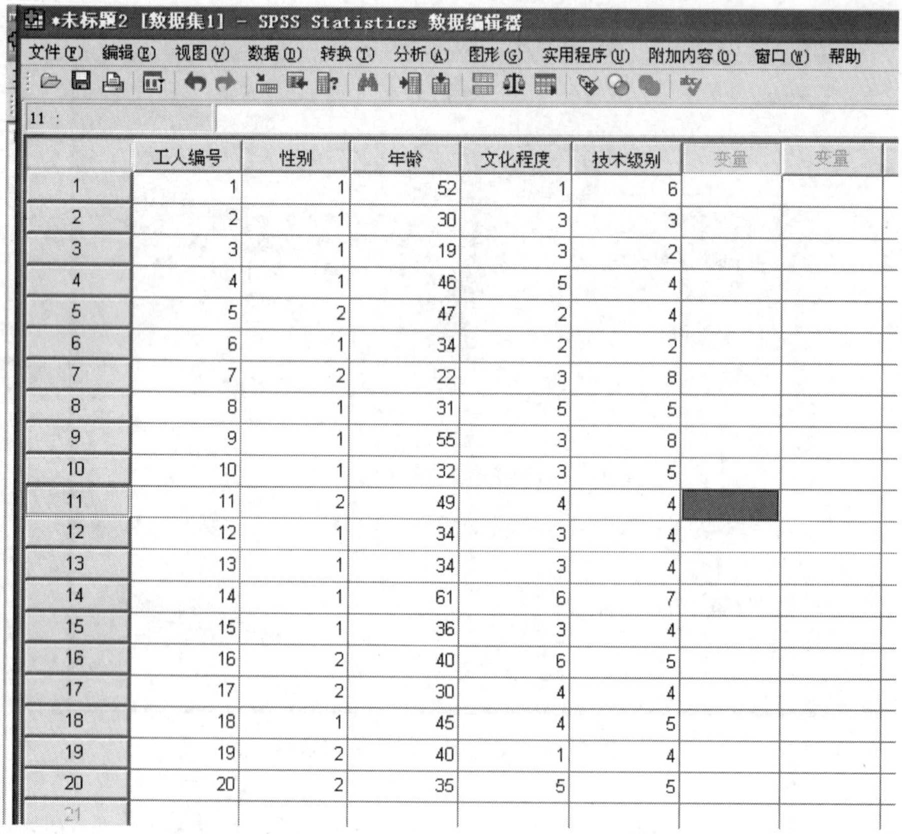

	工人编号	性别	年龄	文化程度	技术级别	变量	变量
1	1	1	52	1	6		
2	2	1	30	3	3		
3	3	1	19	3	2		
4	4	1	46	5	4		
5	5	2	47	2	4		
6	6	1	34	2	2		
7	7	2	22	3	8		
8	8	1	31	5	5		
9	9	1	55	3	8		
10	10	1	32	3	5		
11	11	2	49	4	4		
12	12	1	34	3	4		
13	13	1	34	3	4		
14	14	1	61	6	7		
15	15	1	36	3	4		
16	16	2	40	6	5		
17	17	2	30	4	4		
18	18	1	45	4	5		
19	19	2	40	1	4		
20	20	2	35	5	5		
21							

图 1－8　对“性别”和“文化程度”编码后的数据

（9）插入一个新变量“月工资”，输入“月工资”：1——2400 元；2——1500 元；3——900 元；4——1800 元；5——1600 元；6——850 元；7——2360 元；8——2100 元；9——3200 元；10——1750 元；11——2200 元；12——1900 元；13——1450 元；14——3400 元；15——2000 元；16——2100 元；17——1350 元；18——2500 元；19——2050 元；20——1950 元。

（10）插入一个样本，编号 21，性别女，年龄 25，文化程度大专，技术级别 4 级，月工资 1280。

（11）保存文件，文件名为“1 职工数据 . sav”。如图 1 - 9 所示。

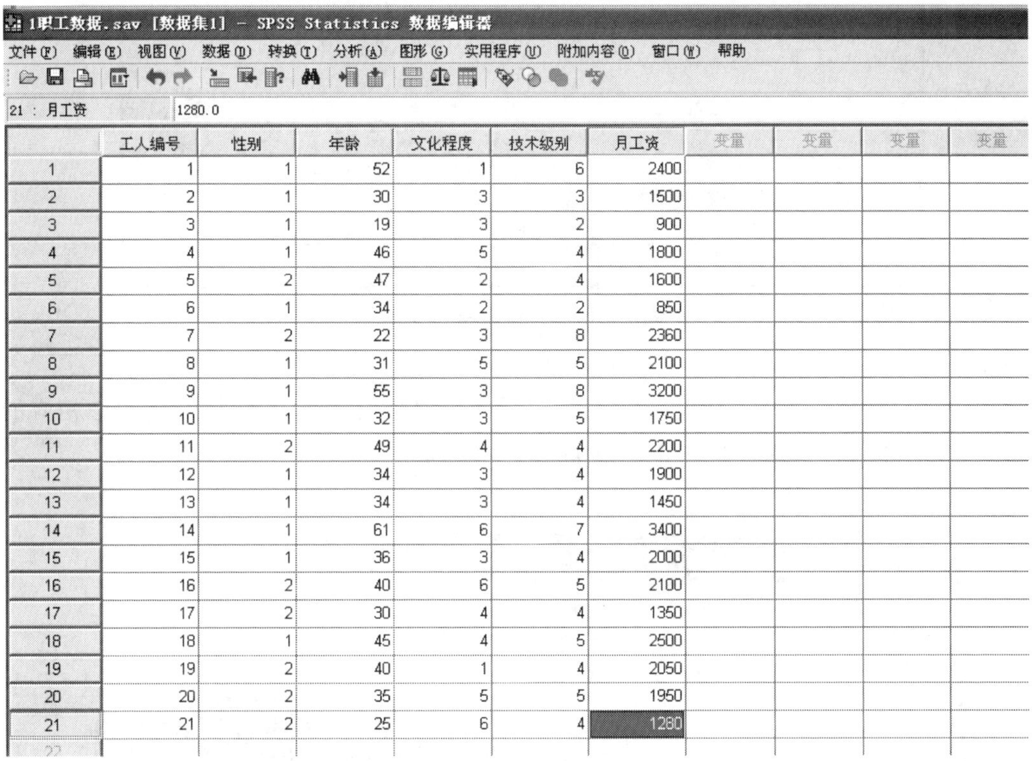

	工人编号	性别	年龄	文化程度	技术级别	月工资	变量	变量	变量	变量
1	1	1	52	1	6	2400				
2	2	1	30	3	3	1500				
3	3	1	19	3	2	900				
4	4	1	46	5	4	1800				
5	5	2	47	2	4	1600				
6	6	1	34	2	2	850				
7	7	2	22	3	8	2360				
8	8	1	31	5	5	2100				
9	9	1	55	3	8	3200				
10	10	1	32	3	5	1750				
11	11	2	49	4	4	2200				
12	12	1	34	3	4	1900				
13	13	1	34	3	4	1450				
14	14	1	61	6	7	3400				
15	15	1	36	3	4	2000				
16	16	2	40	6	5	2100				
17	17	2	30	4	4	1350				
18	18	1	45	4	5	2500				
19	19	2	40	1	4	2050				
20	20	2	35	5	5	1950				
21	21	2	25	6	4	1280				

图 1 - 9　SPSS 数据文件“1 职工数据 . sav”

练习 2

（1）在 SPSS 中打开 EXCEL 文件“1 学生成绩 . xls”。方法同练习 1。

（2）定义变量格式，对“性别”进行编码，并加值标签。方法同练习 1。

（3）计算总成绩：【转换】—【计算变量】。定义目标变量总成绩 = 数学 + 物理。如图 1 - 10 所示。

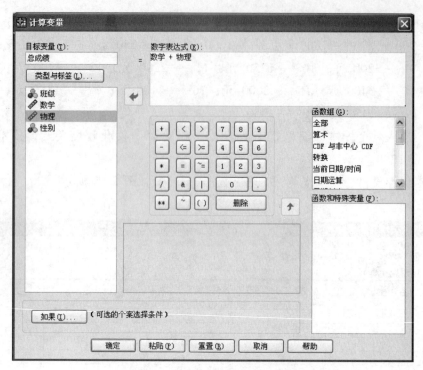

图1-10　计算变量对话框

（4）分班排名次：【转换】—【个案排秩】。定义好【个案排秩】对话框中相应的内容。打开【结】对话框进行定义。如图1-11所示。

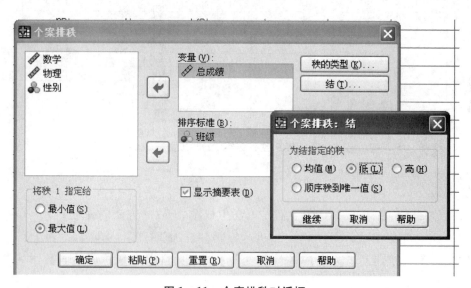

图1-11　个案排秩对话框

（5）单击【继续】—【确定】完成分班排名次。将文件保存。

实验二 数据的编辑和整理

【实验目的】

掌握 SPSS 数据编辑和整理的方法。

【实验内容】

练习 1：现有数据文件："2 城镇居民支出资料 . sav"。对各地区的恩格尔系数进行分组分析。

恩格尔系数为食品支出在总消费支出中的比重。恩格尔系数范围：0. 3 以下：1——最富裕；0. 3 ~ 0. 4：2——富裕；0. 4 ~ 0. 5：3——小康水平；0. 5 ~ 0. 6：4——勉强度日；0. 6 以上：5——生活绝对贫困。

练习 2：打开数据文件："2 居民储蓄调查数据 . sav"，通过数据排序功能分别找到城镇户口和农村户口储户一次存取款金额的最大值和最小值。

练习 3：打开数据文件："2 居民储蓄调查数据 . sav"，如果只希望分析城镇储户的情况，应该如何操作？如果只希望对其中第 101 ~ 第 175 的样本数据进行分析，该如何操作？

练习 4：打开数据文件："2 居民储蓄调查数据 . sav"，按照"户口类型"（a13）对存取款金额"a5"进行分类汇总（计算均值与标准差）。

【实验数据】

练习 1：SPSS 数据文件："2 城镇居民支出资料 . sav"。
练习 2 ~ 4：SPSS 数据文件："2 居民储蓄调查数据 . sav"。

【实验步骤】

练习 1

（1）调入数据文件"2 城镇居民支出资料 . sav"。

（2）选择【转换】—【计算变量】，打开计算变量主对话框，计算新变量：恩格尔系数如图 2－1 所示。

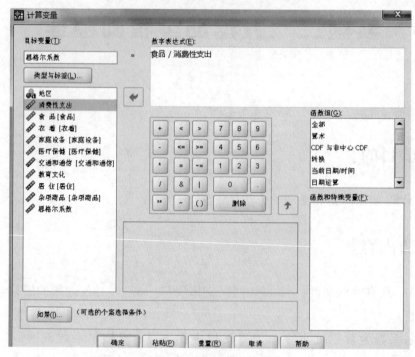

图 2－1　计算变量对话框

（3）单击【确定】，完成恩格尔系数的计算。

（4）选择【转换】—【重新编码为不同变量】，打开"重新编码为其他变量"主对话框。如图 2－2 所示。

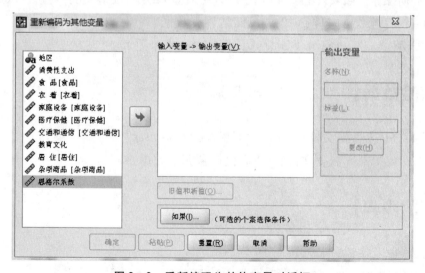

图 2－2　重新编码为其他变量对话框

（5）将变量"恩格尔系数"选择到"数值变量"列表中。在"输出变量"的"名称"中输入"生活质量"，单击【更改】，可将对应关系添加到（数值变量—>输出变量）列表中。如图 2-3 所示。

图 2-3　定义输出变量对话框

（6）单击【旧值与新值】，打开"重新编码到其他变量：旧值与新值"主对话框。在此设定相应的旧值与新值。如图 2-4 所示。

图 2-4　定义旧值与新值对话框

恩格尔系数范围：0.3 以下：1——最富裕；0.3～0.4：2——富裕；0.4～0.5：3——小康水平；0.5～0.6：4——勉强度日；0.6 以上：5——生活绝对贫困。

（7）单击【继续】—【确定】，完成重新编码。同时修改"生活质量"标签。如图 2-5 所示。

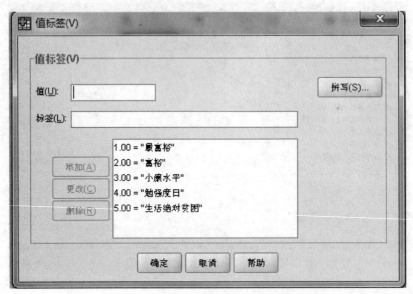

图 2-5　修改"生活质量"标签对话框

练习 2

（1）调入数据文件"2 居民储蓄调查数据.sav"。

（2）选择【数据】—【排序个案】，打开排序个案对话框。如图 2-6 所示。

图 2-6　排序个案对话框

（3）将"户口"和"存取款金额"选择到"排序依据"列表中，排列顺序按升序或降序均可。如图 2-7 所示。

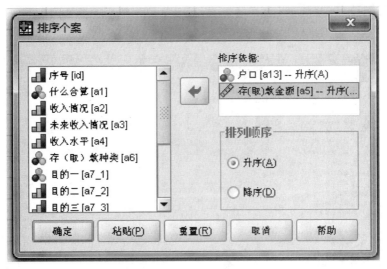

图 2－7 定义排序依据对话框

（4）单击【确定】，完成排序个案。然后在数据中分别找出城镇户口和农村户口储户一次存取款金额的最大值和最小值，分别是 80000，1 和 100001，50。

练习3

（1）调入数据文件"2 居民储蓄调查数据．sav"。

（2）选择【数据】—【选择个案】，打开选择个案对话框，如图 2－8 所示。

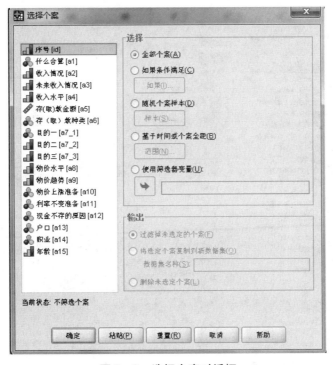

图 2－8 选择个案对话框

（3）选择"如果条件满足"，输入条件"a3 = 1"，如图 2 - 9 所示。

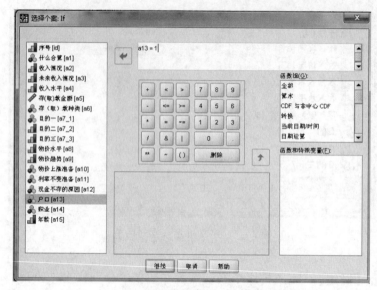

图 2 - 9　选择个案：If 对话框

（4）单击【继续】—【确定】，完成"只希望分析城镇储户的情况"操作。

（5）"如果只希望对其中第 101 ~ 第 175 的样本的数据进行分析"，在【选择个案】中选择"基于时间或个案全距"，如图 2 - 10 所示。

图 2 - 10　选择个案：范围对话框

（6）在"观测值"中输入数据 101 和 175，如图 2 – 11 所示。

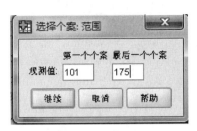

图 2 – 11 定义观测值对话框

（7）单击【继续】—【确定】，完成相应操作。

练习4

（1）调入数据文件"2 居民储蓄调查数据 . sav"。

（2）选择【数据】—【分类汇总】，打开分类汇总对话框，如图 2 – 12 所示。

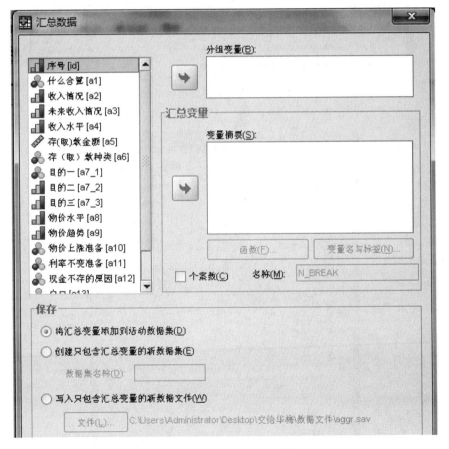

图 2 – 12 分类汇总对话框

（3）定义汇总数据，如图 2 – 13 所示。

（4）单击"函数"按钮，打开"函数"对话框，如图 2-14 所示。

（5）选择"均值"或"标准差"，单击【继续】—【确定】，完成操作。

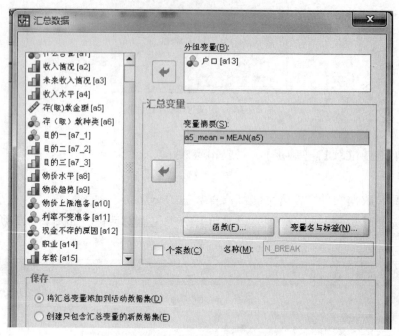

图 2-13　定义汇总数据对话框

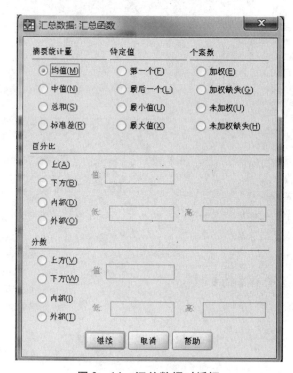

图 2-14　汇总数据对话框

实验三　描述统计（1）

【实验目的】

掌握利用 SPSS 进行描述统计分析：单变量频数分布分析。

【实验内容】

练习 1：打开"2 居民储蓄调查数据．sav"，对"a2（收入情况）""a3（未来收入情况）"增加的进行计数，计算两变量均增加的样本数。

练习 2：某学习小组 24 名同学《统计学》的成绩如下表。试进行频数分布分析。

成绩	人数
60 分以下	3
60～70 分	5
70～80 分	10
80～90 分	4
90 分以上	2
合　计	24

练习 3：打开"3 职工数据．sav"，对职工收入情况分为 6 组：1000 元以下，1000～1500 元，1500～2000 元，2000～2500 元，2500～3000 元，3000 元以上，将分组结果用一个新变量表示，得出新变量的频率表格，做出条形图，并在条形图上显示数据标签。

【实验数据】

练习 1：SPSS 数据文件："2 城镇居民支出资料．sav"。

练习 2：SPSS 数据文件："3 某学习小组《统计学》成绩．sav"。

练习 3：SPSS 数据文件："3 职工数据．sav"。

【实验步骤】

练习1

（1）调入数据文件"2 居民储蓄调查数据. sav"。

（2）选择【转换】—【计算变量】，打开计算变量主对话框，计算新变量：b = a2 + a3。（b 取 2 的频数即表示两变量均增加的样本数）。单击【确定】。如图 3 - 1 所示。

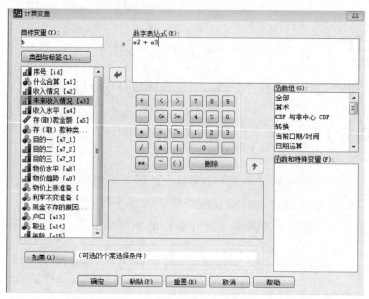

图 3 - 1　计算变量对话框

（3）选择【分析】—【描述统计】—【频率】，将 a2、a3 和 b 选入变量框，将"显示频率表格"勾上。如图 3 - 2 所示。

图 3 - 2　频率分布对话框

（4）单击【确定】，得到输出结果。

练习2

（1）调入数据文件"3 某学习小组《统计学》成绩.sav"。

（2）选择【数据】—【加权个案】，打开加权个案对话框。选择"加权个案"，将"人数"选入"频率变量"框。单击【确定】，完成个案加权。如图3-3所示。

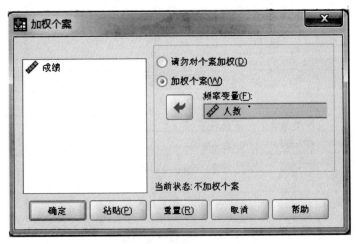

图3-3　加权个案对话框

（3）进行频数分布分析：

选择【分析】—【描述统计】—【频率】，打开频数分布主对话框。将"成绩"选入变量框，"显示频率表格"不要勾上。如图3-4所示。

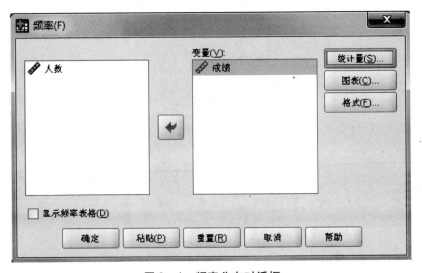

图3-4　频率分布对话框

单击【统计量】，打开频率：统计量对话框。选择常见的统计量。如图3-5所示。

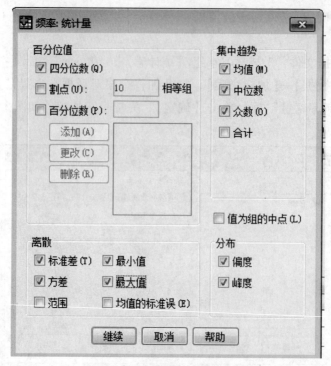

图 3 – 5　计算统计量对话框

单击【继续】—【图表】，打开频率：图表对话框。选择图形类型中的直方图及带正态曲线，其他为默认选项。如图 3 – 6 所示。

图 3 – 6　图表对话框

（4）单击【继续】—【确定】，得到结果。

练习 3

（1）调入数据文件"3 职工数据 . sav"。

（2）选择【转换】—【重新编码为不同变量】，打开"重新编码为其他变量"主对话框。如图 3 - 7 所示。

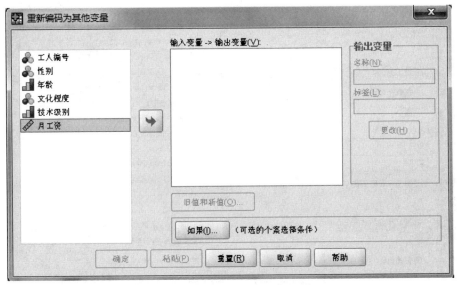

图 3 - 7 重新编码为其他变量对话框

（3）将变量"月工资"选择到"数值变量"列表中。在"输出变量"的"名称"中输入"月工资分组变量"，单击【更改】，可将对应关系添加到（数值变量—>输出变量）列表中。如图 3 - 8 所示。

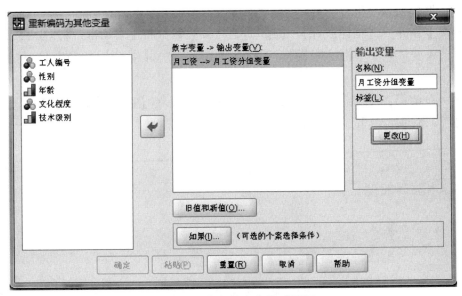

图 3 - 8 定义输出变量对话框

（4）单击【旧值与新值】，打开"重新编码到其他变量：旧值与新值"主对话框。在此设定相应的旧值与新值。如图3-9所示。

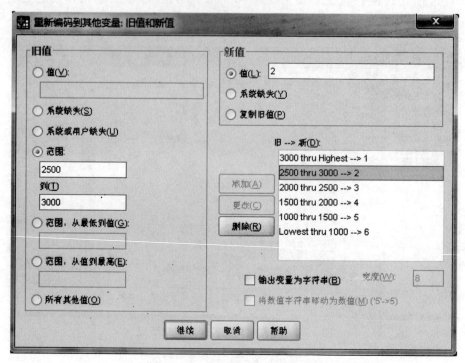

图3-9 定义旧值与新值对话框

（5）单击【继续】—【确定】。

（6）对"月工资分组变量"添加值标签。

（7）进行频数分布分析：

选择【分析】—【描述统计】—【频率】，打开频数分布主对话框。将"月工资分组变量"选入变量框。单击【图表】，选择条形图，点击【继续】—【确定】，得到输出结果。

（8）在条形图上显示数据标签：双击条形图，在【图表编辑器】中单击【元素】—【显示数据标签】。得到结果。

实验四 描述统计（2）

【实验目的】

掌握利用 SPSS 进行描述统计分析：探索性分析。

【实验内容】

练习 1：已知数据文件："4 小孩体检资料（5～7 周岁）. sav"。要求：

（1）依据不同性别，对体重、身高、坐高、胸围进行描述性统计分析；

（2）依据不同年龄，对体重、身高、坐高、胸围进行描述性统计分析；

（3）依据不同性别和不同年龄，对体重、身高、坐高、胸围进行描述性统计分析。

练习 2：读取 "2 居民储蓄调查数据. sav" 资料，进行频数分析：

（1）分析储户的户口与职业的基本情况；【频率表格与条形图或饼图】。

（2）分析储户一次存取款金额的分布，并对城镇储户和农村储户进行比较。

练习 3：已知 60 名儿童的身高数据资料，见数据文件 "4 儿童身高资料. sav"。要求：

（1）计算 60 名儿童身高的平均数、标准差、最大值、最小值、第一四分位数、第三四分位数、中位数、四分位距，做出直方图。

（2）分性别计算 60 名儿童身高的平均数、标准差、最大值、最小值、第一四分位数、第三四分位数、中位数、四分位距，做出直方图。

（3）判断该组数据的异常值。

（4）检验这组数据是否服从正态分布。

（5）做出男孩身高的茎叶图。

【实验数据】

练习 1：SPSS 数据文件："4 小孩体检资料（5～7 周岁）. sav"。

练习2：SPSS 数据文件："2 居民储蓄调查数据 . sav"。

练习3：SPSS 数据文件："4 儿童身高资料 . sav"。

【实验步骤】

练习1

（1）调入数据文件"4 小孩体检资料（5~7 周岁）. sav"。

（2）选择【分析】—【描述统计】—【探索】，打开探索分析主对话框，将"体重、身高、坐高、胸围"选择到"因变量列表"中，将"性别"选择到"因子列表"中，如图 4-1 所示。

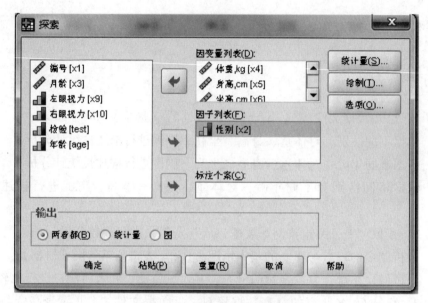

图 4-1　探索分析主对话框

（3）单击【确定】，输出结果。

（4）对"依据不同年龄，对体重、身高、坐高、胸围进行描述性统计分析"的操作，只需将"年龄"选择到"因子列表"，其他操作同上。

（5）对"依据不同性别和不同年龄，对体重、身高、坐高、胸围进行描述性统计分析"的操作：先按"性别"对文件进行拆分。选择【数据】—【拆分文件】，打开拆分文件主对话框，选择"比较组"，并将"性别"选择到"分组方式"中。如图 4-2 所示。

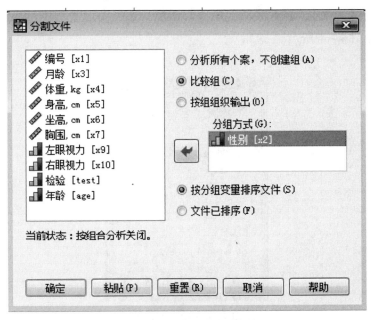

图 4 – 2　拆分文件主对话框

单击【确定】，完成依据"性别"对文件进行拆分。

依据不同年龄，对体重、身高、坐高、胸围进行描述性统计分析：操作同（4）。

练习 2

（1）调入数据文件"2 居民储蓄调查数据 . sav"。

（2）选择【分析】—【描述统计】—【频率】，打开频数分布主对话框，将"户口"和"职业"选择到"变量"中，在"显示频率表格"上打钩，如图 4 – 3 所示。

图 4 – 3　频数分布主对话框

（3）单击【图表】，打开频率：图表对话框。选择图形类型中的条形图，其他为默认选项。如图 4 - 4 所示。

图 4 - 4　图表对话框

（4）单击【继续】—【确定】，得到结果。

（5）分析储户一次存取款金额的分布，并对城镇储户和农村储户进行比较：采用探索分析，将"一次存取款金额"选择到"因变量列表"中，将"户口"选择到"因子列表"，其他操作同本节练习1。

练习3

（1）调入数据文件"4 儿童身高资料.sav"。

（2）选择【分析】—【描述统计】—【探索】，打开探索分析主对话框。将"身高"选择到"因变量列表"中，如图 4 - 5 所示。

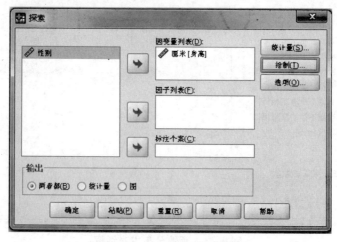

图 4 - 5　探索分析主对话框

（3）单击【统计量】，选择"描述性"和"百分位数"，如图4－6所示。

图4－6　探索：统计量对话框

（4）单击【继续】，返回到"探索主对话框"，单击【绘制】，打开"探索：图对话框"，选择"茎叶图"、"直方图"和"带检验的正态图"，如图4－7所示。

图4－7　探索：图对话框

（5）单击【继续】—【确定】，输出结果。

（6）分性别计算60名儿童身高的平均数、标准差、最大值、最小值、第一四分位数、第三四分位数、中位数、四分位距，做出直方图：在探索分析中，将"性别"选择到"因子列表"中，其他操作同上。

（7）判断该组数据的异常值：利用"茎叶图"和"箱图"均可以判断出异常值。

（8）检验这组数据是否服从正态分布：根据输出结果中的"正态性检验"来做分析和说明。

（9）做出男孩身高的茎叶图：输出结果中均有。

实验五　交叉列联表分析

【实验目的】

掌握用 SPSS 对定性数据分析的方法。

【实验内容】

练习 1：对 "2 居民储蓄调查数据" 中城市居民和农村居民的态度是否一致进行分析。

（1）分析城镇和农村储户对 "未来两年内收入状况的变化趋势" 是否持相同的态度。

（2）分析城镇和农村储户对 "什么合算" 的认同是否一致？

练习 2：某防疫站观察当地的一个污水排放口，在高温季节和低温季节中水样的伤寒菌检出情况（各 12 次）。高温季节或低温季节以 degree 表示，1 为高温季节（high），2 为低温季节（low）；水样的检出情况以 test 表示，1 为阳性水样（positive），2 为阴性水样（negative）。数据资料见文件 "5 伤寒菌检验资料 . sav"。问两个季节污水的伤寒菌检出率有无差别？

要求：对列联表、χ^2 检验结果进行分析，得出相应的结论。绘制不同季节污水的伤寒菌检出情况的分类条形图。

练习 3：对 339 名 50 岁公民的吸烟习惯与患慢性支气管炎情况的调查资料见下表。试分析吸烟者与不吸烟者的慢性气管炎患病率是否有所不同？（$\alpha = 0.05$）

	吸烟	不吸烟	合计
患慢性气管炎	43	13	56
未患慢性气管炎	162	121	283
合计	205	134	339

【实验数据】

练习1：SPSS 数据文件"2 居民储蓄调查数据.sav"。

练习2：SPSS 数据文件"5 伤寒菌检验资料.sav"。

练习3：SPSS 数据文件"5 吸烟与患病数据资料.sav"。

【实验步骤】

练习1

（1）调入数据文件"2 居民储蓄调查数据.sav"。

（2）选择【分析】—【描述统计】—【交叉表】，打开交叉表对话框，将"未来收入情况"选择到"行"，将"户口"选择到"列"，如图5-1所示。

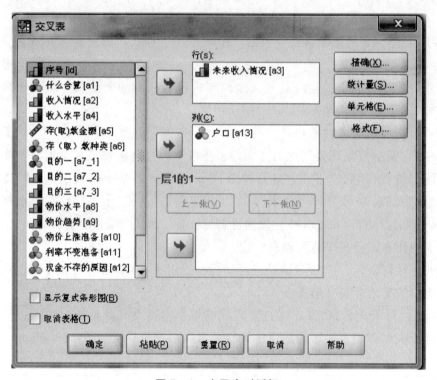

图5-1　交叉表对话框

（3）单击【统计量】，将"卡方"打钩，如图5-2所示。

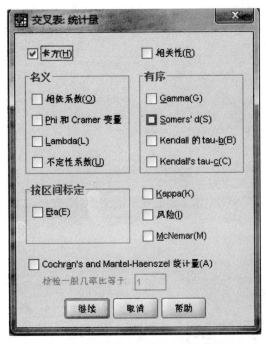

图 5-2　交叉表：统计量对话框

（4）单击【继续】—【确定】，输出结果。如图 5-3 所示。

卡方检验

	值	df	渐进 Sig. (双侧)
Pearson 卡方	12.478ᵃ	2	.002
似然比	11.686	2	.003
线性和线性组合	3.987	1	.046
有效案例中的 N	282		

a. 0 单元格(.0%)的期望计数少于 5。最小期望计数为 13.38。

图 5-3　卡方检验对话框

（5）分析城镇和农村储户对"什么合算"的认同是否一致？操作过程同上。

练习 2

（1）调入数据文件"5 伤寒菌检验资料.sav"。

（2）选择【分析】—【描述统计】—【交叉表】，打开交叉表对话框，将"季节"选择到"行"，将"检验结果"选择到"列"，"显示复式条形图"打钩，如图 5-4 所示。

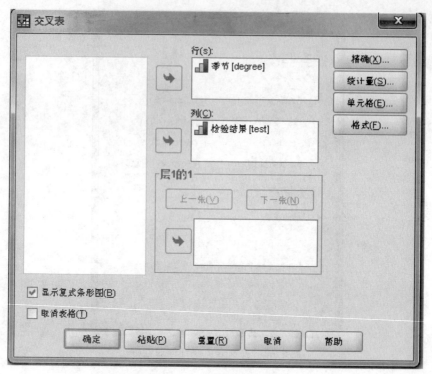

图 5 - 4　交叉表对话框

（3）单击【统计量】，将"卡方"打钩。单击【继续】—【确定】，输出结果。

练习 3

（1）调入数据文件"5 吸烟与患病数据资料 . sav"。

（2）选择【数据】—【加权个案】，打开加权个案对话框。选择"加权个案"，将"人数"选入"频率变量"框。单击【确定】，完成个案加权。如图 5 - 5 所示。

图 5 - 5　加权个案对话框

（3）选择【分析】—【描述统计】—【交叉表】，打开交叉表对话框，将"吸烟"选择到"行"，将"患病"选择到"列"，如图5-6所示。

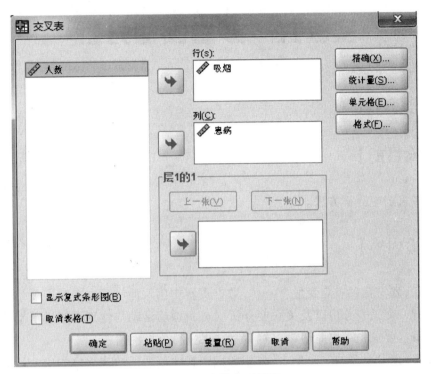

图5-6　交叉表对话框

（4）单击【统计量】，将"卡方"打钩。单击【继续】—【确定】，输出结果。

实验六 多重响应分析

【实验目的】

掌握多重响应分析方法。

【实验内容】

练习1：对"6多响应变量1. sav"数据资料中闲暇活动建立多响应变量集，并进行频数分析、交叉表分析以及关联度分析（分析饭后活动与性别、饭后活动与年龄段是否有关系：要求先写出原假设，然后对结果进行分析说明）。

练习2：对"6多响应变量2. sav"数据资料中闲暇活动建立多响应变量集，并进行频数分析、交叉表分析以及关联度分析（分析饭后活动与性别是否有关系：要求先写出原假设，然后对结果进行分析说明）。将以上各步分析结果保存至实验报告。

【实验数据】

练习1：SPSS 数据文件"6多响应变量1. sav"。
练习2：SPSS 数据文件"6多响应变量2. sav"。

【实验步骤】

练习1
（1）调入数据文件"6多响应变量1. sav"。
（2）选择【分析】—【多重响应】—【定义变量集】，打开定义多重响应集对话框。
（3）如果是任意型多选题，将变量 V101 ~ V106 选入变量框，选择"二分法：计数值1"，在名称中输入 V10，标签"晚饭后活动"，再选择"添加"，变量集 $V10 就生成了，点击【关闭】。如图 6 - 1 所示。

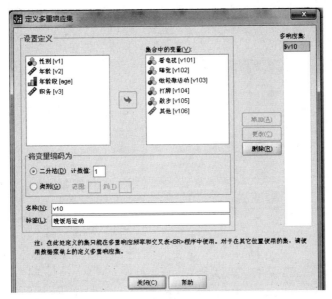

图 6-1 定义多重响应集对话框

（4）多响应频率分析：选择【分析】—【多重响应】—【频率】。将"晚饭后活动"放入变量框，点击【确定】，如图 6-2 所示。

图 6-2 多响应频率对话框

（5）多响应交叉表分析：选择【分析】—【多重响应】—【交叉表】，打开多响应交叉表对话框，将"晚饭后运动"选择到"行"，将"性别"选择到"列"，如图 6-3 所示。

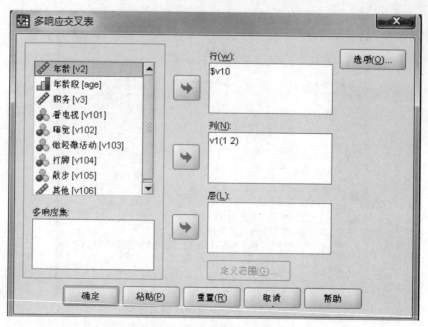

图 6-3 多响应交叉表对话框

（6）多响应关联度分析：选择【分析】—【表】—【多响应集】，打开定义多重响应集对话框，将变量 V101 - V106 选入集合中的变量，选择"二分法：计数值1"，在名称中输入 V10，标签"晚饭后活动"，再选择"添加"，变量集 $V10 就生成了，单击【确定】，如图 6-4 所示。

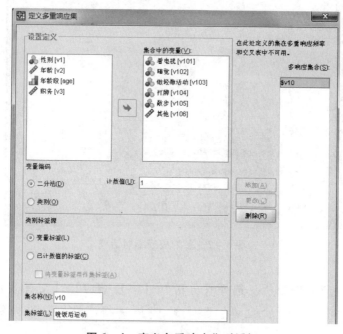

图 6-4 定义多重响应集对话框

（7）选择【分析】—【表】—【设定表】，打开设定表格对话框，将"性别"拉到表格中"行"的位置，将"晚饭后运动"拉到表格中"列"的位置，如图 6-5 所示。

图 6-5　设定表格对话框

（8）在"检验统计量"中选择"独立性检验"，如图 6-6 所示。

图 6-6　检验统计量对话框

（9）单击【确定】，输出结果。

（10）如果是多重分类法（如练习 2），将变量选入变量框后，要选择"类别：范围 1 到 6"，其他操作同上。

实验七 综合案例——高大图书公司问卷分析（1）

【实验目的】

掌握利用 SPSS 进行问卷分析的基本方法：描述性分析。

【实验内容】

有问卷如下：

a1. 您最喜欢本公司所提供的何种产品？（可复选）

1. □杂志　2. □书籍　3. □文具　4. □礼品　5. □影音

a2. 您购买过本公司的产品吗？　1. □有　　2. □没有

a3. 您最近一次购买本公司产品的消费金额是多少元？　_____元

a4. 整体而言，您会给本公司几分？（0～10 分）_____分

a5. 您会向别人推荐本公司的产品吗？　1. □会　2. □可能会　3. □不会

a6. 期望产品质量（1～20 分）_____分

a7. 期望企业形象（1～15 分）_____分

a8. 期望购买意愿（1～15 分）_____分

a9. 认知产品质量（1～20 分）_____分

a10. 认知企业形象（1～15 分）_____分

a11. 认知购买意愿（1～15 分）_____分

b1. 性　别：1. □男　　2. □女

b2. 教育程度：1. □高中以下　　2. □大专及本科　　3. □研究生

b3. 年　　龄：1. □15 岁以下　　2. □16～20 岁　　3. □21～25 岁

　　　　　　　4. □26～30 岁　　5. □31～35 岁　　6. □36 岁以上

数据资料见数据文件"7 高大图书公司数据"。根据该数据你能做哪些描述性分析？

【实验数据】

SPSS 数据文件"7 高大图书公司数据"。

【实验步骤】

详细步骤略。下表为部分分析思路。

问题	类别	方法	SPSS 功能
客户情况	定性	频数、条形图、饼图	描述—频数
期望	定量	统计量、直方图	描述—频数
认知	定量	统计量、直方图	描述—频数
消费金额	定量	统计量、直方图、箱图	描述—探索
性别与教育程度	2 定性	交叉表	描述—交叉表
性别与消费	1 定性 1 定量	分组统计量、箱图	描述—探索
产品偏好	多响应	频数、交叉表、关联度分析	多响应分析；表

实验八 单样本 T 检验

【实验目的】

掌握均值过程；掌握单样本 T 检验。

【实验内容】

练习 1：已知统计系两个班级各 8 名学生期中和期末的统计学成绩数据，试求：（1）统计系学生期末的平均成绩与 85 分是否具有显著性差异？（2）统计系学生期末平均成绩在 95% 的置信度下的置信区间？

练习 2：已知某银行存款调查数据，试求：（1）某银行居民的平均存款与 2500 元是否有显著性差异？（2）某银行居民的平均存款在 95% 的置信度下的置信区间？

练习 3：根据 26 家保险公司人员构成的数据"8 保险公司人员构成. sav"，要求：（1）分析不同类型保险公司受高等教育的比重；（2）检验我国目前保险公司从业人员的受高等教育的程度是否达到 80%？（3）检验年轻化程度（35 岁以下员工所占比例）是否达到 50%？

【实验数据】

练习 1：SPSS 数据文件："8 统计学期中和期末成绩. sav"。

练习 2：SPSS 数据文件："2 居民储蓄调查数据. sav"。

练习 3：SPSS 数据文件："8 保险公司人员构成. sav"。

【实验步骤】

练习 1

（1）调入数据文件"8 统计学期中和期末成绩. sav"。

（2）选择【分析】—【比较均值】—【单样本 T 检验】，打开单样本 T 检验对话框，如图 8 - 1 所示。

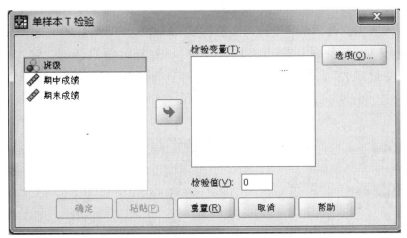

图 8 - 1　单样本 T 检验对话框

（3）将"期末成绩"选择到"检验变量"，在"检验值"中输入 85，打开【选项】，置信区间输入 95%，如图 8 - 2 所示。

图 8 - 2　单样本 T 检验：选项对话框

（4）单击【继续】—【确定】，输出结果，如图 8 - 3 所示。

单个样本检验

	检验值 = 85					
	t	df	Sig.(双侧)	均值差值	差分的 95% 置信区间	
					下限	上限
期末成绩	-.116	15	.910	-.313	-6.08	5.45

图 8 - 3　单样本 T 检验对话框

练习 2 的操作过程同本节练习 1。

练习 3

(1) 调入数据文件"8 保险公司人员构成 . sav"。

(2) 选择【分析】—【比较均值】—【均值】，打开均值对话框。将"公司类别"选择到"自变量列表"，将"受高等教育比例"选择到"因变量列表"，如图 8 - 4 所示。

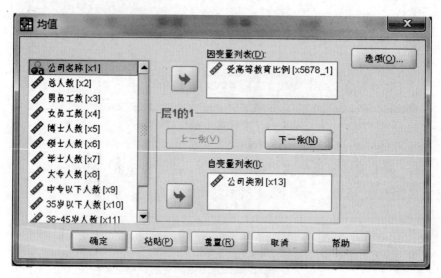

图 8 - 4　均值对话框

(3) 单击【确定】，输出结果。如图 8 - 5 所示。

报告

受高等教育比例

公司类别	均值	N	标准差
全国性公司	.6657	8	.16957
区域性公司	.5689	1	
外资和中外合资	.8257	10	.13178
总计	.7448	19	.16734

图 8 - 5　报告对话框

(4) 选择【分析】—【比较均值】—【单样本 T 检验】，打开单样本 T 检验对话框，将"受高等教育比例"选择到"检验变量"，在"检验值"处输入 0.8，如图 8 - 6 所示。

图 8－6　单样本 T 检验对话框

（5）单击【确定】，输出结果，如图 8－7 所示。

单个样本检验

	检验值＝0.8					
	t	df	Sig.(双侧)	均值差值	差分的 95% 置信区间	
					下限	上限
受高等教育比例	-1.437	18	.168	-.05515	-.1358	.0255

图 8－7　单样本 T 检验对话框

（6）"检验年轻化程度（35 岁以下员工所占比例）是否达到 50%？"操作步骤同（4）、（5）。

实验九 两样本 T 检验

【实验目的】

掌握两样本 T 检验：独立样本 T 检验和配对样本 T 检验。

【实验内容】

练习 1：根据数据资料"9 银行职员.sav"，分析：（1）不同性别的当前工资是否有显著差异？（2）不同民族的当前工资是否有显著差异？（3）当前工资与初始工资是否有显著差异？

练习 2：某公司有 A、B 两个工厂制作同种产品，从两个工厂各随机调查 20 名工人的产量，后来 B 厂实施了改革，对 B 厂原抽取的工人经改革后的产量又进行了调查，数据如下：

序号	A 厂	B 厂	改革后 B 厂	序号	A 厂	B 厂	改革后 B 厂
1	34	15	14	11	25	15	15
2	14	31	34	12	9	6	9
3	35	26	23	13	33	27	35
4	11	5	9	14	24	15	20
5	30	19	24	15	14	29	36
6	19	33	29	16	11	12	17
7	21	24	28	17	21	28	25
8	13	9	15	18	31	22	21
9	36	12	20	19	18	10	14
10	17	19	24	20	19	23	31

试分析：（1）A、B 两厂工人平均产量是否有显著差异？（2）B 厂改革后工人平均产量是否有显著提高？

练习 3：已知统计系两个班级各 8 名学生期中和期末的统计学成绩数据，试求：

（1）统计系两个班学生期末的平均成绩是否具有显著性差异？（2）统计系两个班学生期末平均成绩差的置信度为 95% 的置信区间？（3）统计系两个班学生期中和期末的平均成绩是否具有显著性差异？（4）统计系两个班学生期中和期末成绩差的置信度为 95% 的置信区间？

【实验数据】

练习 1：SPSS 数据文件"9 银行职员.sav"。

练习 2：SPSS 数据文件"9AB 厂工人产量数据.sav"。

练习 3：SPSS 数据文件："8 统计学期中和期末成绩.sav"。

【实验步骤】

练习 1

（1）调入数据文件"9 银行职员.sav"。

（2）选择【分析】—【比较均值】—【独立样本 T 检验】，打开独立样本 T 检验对话框，如图 9 - 1 所示。

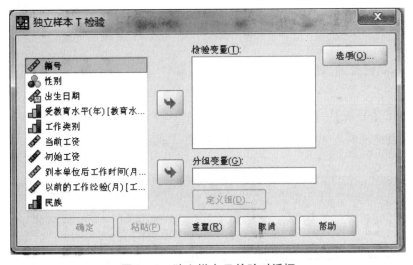

图 9 - 1　独立样本 T 检验对话框

（3）将"当前工资"选择到"检验变量"，将"性别"选择到"分组变量"，然后对"性别"进行定义，（1 表示男，2 表示女），如图 9 - 2 所示。

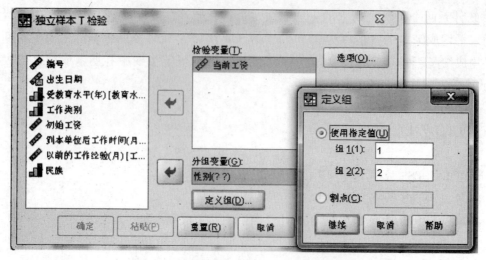

图9-2 独立样本T检验：定义组对话框

（4）单击【继续】—【确定】，输出结果，如图9-3所示。

独立样本检验

		方差方程的Levene检验		均值方程的t检验						
									差分的95%置信区间	
		F	Sig.	t	df	Sig.(双侧)	均值差值	标准误差值	下限	上限
当前工资	假设方差相等	119.669	.000	10.945	472	.000	$15,409.862	$1,407.906	$12,643.322	$18,176.401
	假设方差不相等			11.688	344.262	.000	$15,409.862	$1,318.400	$12,816.728	$18,002.996

图9-3 独立样本T检验对话框

（5）"不同民族的当前工资是否有显著差异？"操作步骤同上，区别在于民族的定义组不同。

（6）选择【分析】—【比较均值】—【配对样本T检验】，打开配对样本T检验对话框，将"当前工资"和"初始工资"选择到"成对变量"中，如图9-4所示。

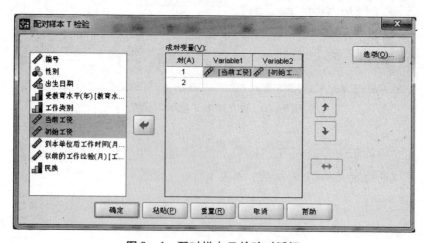

图9-4 配对样本T检验对话框

（7）单击【确定】，输出结果，如图 9 – 5 所示。

		成对差分					t	df	Sig.(双侧)
		均值	标准差	均值的标准误	差分的 95% 置信区间				
					下限	上限			
对 1	当前工资 - 初始工资	$17,403.481	$10,814.620	$496.732	$16,427.407	$18,379.555	35.036	473	.000

图 9 – 5　配对样本 T 检验对话框

练习 2

（1）调入数据文件"9AB 厂工人产量数据.sav"。

（2）选择【分析】—【比较均值】—【独立样本 T 检验】，打开独立样本 T 检验对话框，将"产量"选择到"检验变量"，将"厂别"选择到"分组变量"，对"厂别"进行"定义组"，如图 9 – 6 所示。

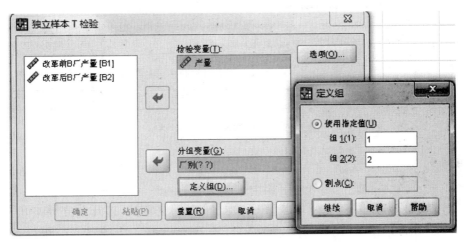

图 9 – 6　独立样本 T 检验：定义组对话框

（3）单击【继续】—【确定】，输出结果，如图 9 – 7 所示。

独立样本检验

		方差方程的 Levene 检验		均值方程的 t 检验						
		F	Sig.	t	df	Sig.(双侧)	均值差值	标准误差值	差分的 95% 置信区间	
									下限	上限
产量	假设方差相等	.021	.885	1.005	38	.321	2.750	2.736	-2.788	8.288
	假设方差不相等			1.005	37.960	.321	2.750	2.736	-2.788	8.288

图 9 – 7　独立样本 T 检验对话框

（4）选择【分析】—【比较均值】—【配对样本 T 检验】，打开配对样本 T 检验对话框，将"改革前 B 厂产量"和"改革后 B 厂产量"选择到"成对变量"中，如图 9 – 8 所示。

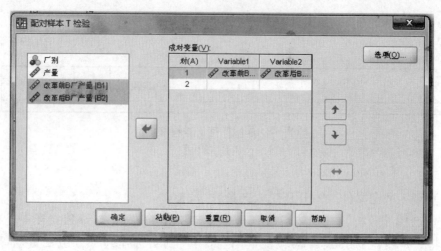

图 9 – 8   配对样本 T 检验对话框

（5）单击【确定】，输出结果，如图 9 – 9 所示。

成对样本检验

		成对差分					t	df	Sig.(双侧)
		均值	标准差	均值的标准误	差分的 95% 置信区间				
					下限	上限			
对 1	改革前B厂产量 - 改革后B厂产量	-3.150	3.843	.859	-4.948	-1.352	-3.666	19	.002

图 9 – 9   配对样本 T 检验对话框

练习 3

（1）调入数据文件："8 统计学期中和期末成绩．sav"。

（2）选择【分析】—【比较均值】—【独立样本 T 检验】，打开独立样本 T 检验对话框，将"期末成绩"选择到"检验变量"，将"班级"选择到"分组变量"，对"班级"进行"定义组"，如图 9 – 10 所示。

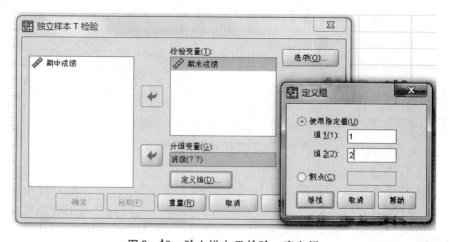

图 9 – 10   独立样本 T 检验：定义组

（3）单击【继续】—【确定】，输出结果，如图 9 – 11 所示。

独立样本检验

		方差方程的 Levene 检验		均值方程的 t 检验					差分的 95% 置信区间	
		F	Sig.	t	df	Sig.(双侧)	均值差值	标准误差值	下限	上限
期末成绩	假设方差相等	1.610	.225	-1.690	14	.113	-8.625	5.102	-19.568	2.318
	假设方差不相等			-1.690	12.189	.116	-8.625	5.102	-19.723	2.473

图 9 – 11 独立样本 T 检验对话框

（4）选择【分析】—【比较均值】—【配对样本 T 检验】，打开配对样本 T 检验对话框，将"期中成绩"和"期末成绩"选择到"成对变量"中，如图 9 – 12 所示。

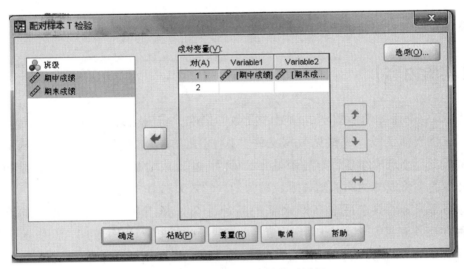

图 9 – 12 配对样本 T 检验对话框

（5）单击【确定】，输出结果，如图 9 – 13 所示。

成对样本检验

		成对差分					t	df	Sig.(双侧)
		均值	标准差	均值的标准误	差分的 95% 置信区间				
					下限	上限			
对 1	期中成绩 - 期末成绩	.125	6.662	1.666	-3.425	3.675	.075	15	.941

图 9 – 13 配对样本 T 检验对话框

实验十 单因素方差分析

【实验目的】

掌握单因素方差分析方法。

【实验内容】

练习1：为研究学生数学成绩是否受教师影响，将一个班分成三个小班，由甲、乙、丙三位教师任教。成绩见数据文件"10成绩.sav"。假定学生成绩服从正态分布，试问三个小班成绩是否有显著差异？每两个小班成绩是否有显著差异？绘制不同教师任教的小班成绩的均值图。哪位教师的教学效果最好？

练习2：为了寻求适应高产水稻的品种，今选择三种不同品种进行试验，每一品种在四块试验田试种，得到在每一块田上的亩产量如下表10-1所示。假定每种品种的亩产量服从正态分布。试检验这三个品种的平均亩产量间有无显著差异？

表10-1　　　　　　　　　　不同品种水稻亩产量数据表

水稻品种	试验数据			
A1	103	101	98	110
A2	113	107	108	116
A3	82	92	84	86

练习3：某企业需要一种零件，现有三个不同地区的企业生产的同种零件可供选择，为了比较这三个零件的强度是否相同，每个地区的企业抽出6件产品进行强度测试，其值如表10-2所示。假设每个企业零件的强度值服从正态分布，试检验这三个地区企业的零件强度是否存在显著差异。

表 10 – 2	样本零件强度值		单位：百公斤
强度 样本 ＼ 地区	1	2	3
1	116	110	89
2	98	103	85
3	100	118	99
4	115	106	73
5	83	107	97
6	105	116	102

【实验数据】

练习 1：SPSS 数据文件"10 成绩 . sav"。

练习 2：略。

练习 3：SPSS 数据文件"10 零件强度 . sav"。

【实验步骤】

练习 1

（1）调入数据文件"10 成绩 . sav"。

（2）选择【转换】—【重新编码为相同变量】，将"教师"选择到"字符串变量"中，如图 10 – 1 所示。

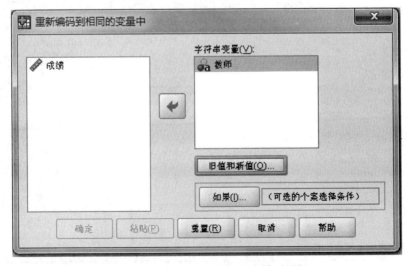

图 10 – 1　重新编码为相同变量对话框

（3）单击【旧值和新值】，打开"重新编码到相同变量：旧值与新值"主对话框。在此设定相应的旧值与新值。如图 10 - 2 所示。

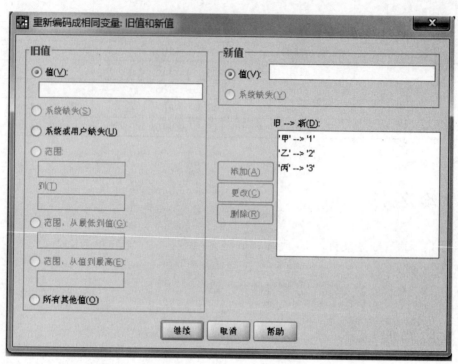

图 10 - 2　重新编码成相同变量：旧值和新值对话框

（4）单击【继续】—【确定】。再对"教师"添加值标签。如图 10 - 3 所示。

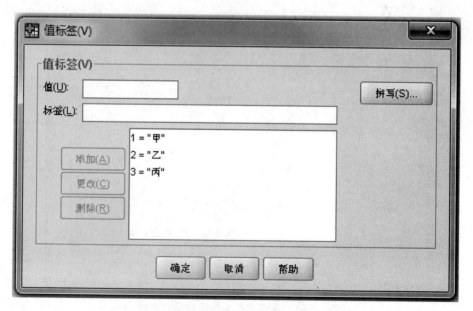

图 10 - 3　值标签对话框

（5）选择【分析】—【比较均值】—【单因素】，打开单因素方差分析对话框，将"教师"选择到"因变量列表"，将"教师"选择到"因子"，如图 10 - 4 所示。

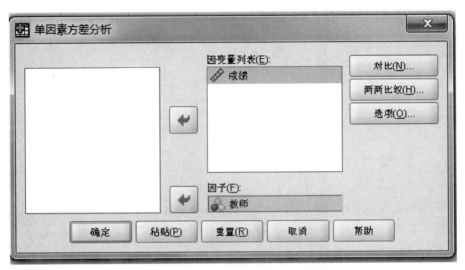

图 10 - 4　单因素方差分析对话框

（6）单击【两两比较】，将"LSD"和"Tamhane'sT2（M）"打钩，单击【继续】，如图 10 - 5 所示。

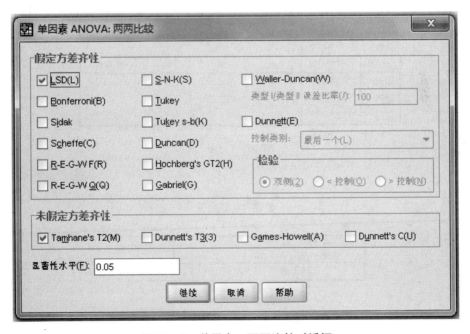

图 10 - 5　单因素：两两比较对话框

（7）单击【选项】，将"描述性"，"方差同质性检验"，"均值图"都打钩，如

图 10 - 6 所示。

图 10 - 6 单因素：选项对话框

（8）单击【继续】—【确定】，输出结果，如图 10 - 7（a）~ 图 10 - 7（d）所示。

ANOVA

成绩

	平方和	df	均方	F	显著性
组间	1434.583	2	717.292	6.382	.013
组内	1348.750	12	112.396		
总数	2783.333	14			

图 10 - 7（a）

方差齐性检验

成绩

Levene 统计量	df1	df2	显著性
.750	2	12	.493

图 10 - 7（b）

多重比较

因变量:成绩

	(I)教师	(J)教师	均值差(I-J)	标准误	显著性	95% 置信区间	
						下限	上限
LSD	甲	乙	-18.25000*	7.11183	.025	-33.7453	-2.7547
		丙	-22.00000*	6.41964	.005	-35.9872	-8.0128
	乙	甲	18.25000*	7.11183	.025	2.7547	33.7453
		丙	-3.75000	6.84336	.594	-18.6604	11.1604
	丙	甲	22.00000*	6.41964	.005	8.0128	35.9872
		乙	3.75000	6.84336	.594	-11.1604	18.6604
Tamhane	甲	乙	-18.25000*	5.67707	.048	-36.3413	-.1587
		丙	-22.00000*	6.50641	.026	-41.2373	-2.7627
	乙	甲	18.25000*	5.67707	.048	.1587	36.3413
		丙	-3.75000	6.82367	.935	-24.2584	16.7584
	丙	甲	22.00000*	6.50641	.026	2.7627	41.2373
		乙	3.75000	6.82367	.935	-16.7584	24.2584

*.均值差的显著性水平为0.05。

图 10-7（c）

均值图

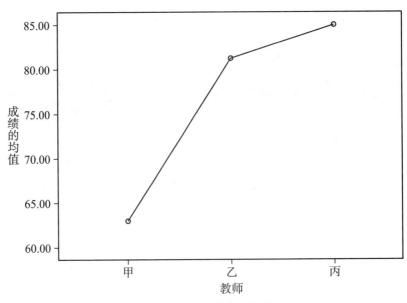

图 10-7（d） 输出结果

练习 2

（1）建立数据文件，如图 10-8 所示。

水稻品种	试验数据
1	103
1	101
1	98
1	110
2	113
2	107
2	108
2	116
3	82
3	92
3	84
3	86

图 10 - 8   数据编辑对话框

（2）选择【分析】—【比较均值】—【单因素】，打开单因素方差分析对话框，将"试验数据"选择到"因变量列表"，将"水稻品种"选择到"因子"，如图 10 - 9 所示。

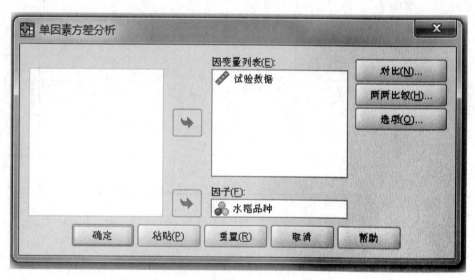

图 10 - 9   单因素方差分析对话框

（3）单击【确定】，输出结果，如图 10 - 10 所示。

ANOVA

试验数据

	平方和	df	均方	F	显著性
组间	1304.000	2	652.000	31.213	.000
组内	188.000	9	20.889		
总数	1492.000	11			

图 10 – 10　方差分析表

练习 3

实验步骤同本节练习 2。

实验十一 多因素单变量方差分析

【实验目的】

掌握多因素单变量方差分析方法。

【实验内容】

练习1：研究某种空调的销售量，影响因素有城市、商场、销售价格，数据见文件"11空调销售.sav"。试分析：

（1）考虑城市、商场与销售量的主效应关系；

（2）考虑城市、商场与销售量的主效应关系及交互效应关系；

（3）既考虑城市、商场与销售量的主效应关系及交互效应关系，又考虑价格协变量的关系。

练习2：表11-1是某商品在不同促销方式（0不促销、1被动促销、2主动促销）和不同服务（0不服务、1服务）和不同奖金的销售量数据表。已知数据服从正态分布，试分析：促销方式、服务和奖金对销售额的影响是否显著。

表11-1 　　　　　　　　　　　某商品销售额

促销方式	服务	销售额（万元）	奖金（万元）	促销方式	服务	销售额（万元）	奖金（万元）
0	0	23	2	1	1	36	2.1
0	0	19	1.5	1	1	28	1.21
0	0	17	2	1	1	30	1.91
0	0	26	2.1	1	1	32	2.15
0	1	28	1.5	2	0	30	1.8
0	1	23	1.2	2	0	23	1.2
0	1	24	1.6	2	0	25	1.3
0	1	30	1.8	2	0	32	1.92
1	0	26	1.8	2	1	48	1.7
1	0	22	1.1	2	1	40	1.3
1	0	20	0.9	2	1	41	1.2
1	0	30	2.1	2	1	46	1.81

练习3：实验数据为教育心理学实验中，心理运动测验分数与被试者必须瞄准的目标大小关系的资料。选择 4 个大小不同的目标：1、2、3、4；从若干使用过的设备中选择 3 部测验设备：1、2、3；选择两种不同明暗程度的照明环境：1、2。4 个大小不同的目标、三部设备、两种不同的照明环境构成 4×3×2 的实验设计，不同目标、设备与照明水平构成了 24 个组合的单元。每一个组合中随机部署 5 名被试者进行测试心理运动得分，得到 120 个得分数据，每个观测量为被试者在同一条件组合下的 5 个得分。数据见"11 心理学实验数据.sav"。要求：以得分作为因变量、以其他几个变量作为因素进行方差分析，在分析过程中不单考虑各个因素对因变量的贡献，还要考虑各个因素之间的交互作用。

【实验数据】

练习1：SPSS 数据文件"11 空调销售.sav"。

练习2：SPSS 数据文件"11 销售额数据表.sav"。

练习3：SPSS 数据文件"11 心理学实验数据.sav"。

【实验步骤】

练习1

（1）调入数据文件"11 空调销售.sav"。

（2）选择【分析】—【一般线性模型】—【单变量】，打开单变量对话框，将"销售量"选择到"因变量"，"商场"和"城市"选择到"固定因子"，如图 11-1 所示。

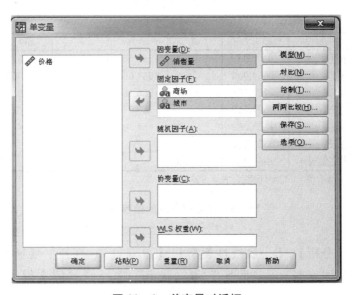

图 11-1 单变量对话框

（3）单击【模型】—【设定】，在"构建项"中选择"主效应"，将"商场"、"城市"选择到"模型"中，如图11-2所示。

图 11-2　单变量：模型对话框

（4）单击【继续】—【确定】，输出实验结果，如图11-3所示。

主体间效应的检验

因变量：销售量

源	III型平方和	df	均方	F	Sig.
校正模型	847.917ª	3	282.639	4.898	.010
截距	8664.000	1	8664.000	150.145	.000
商场	280.167	1	280.167	4.855	.039
城市	567.750	2	283.875	4.919	.018
误差	1154.083	20	57.704		
总计	10666.000	24			
校正的总计	2002.000	23			

a. R 方 = .424（调整 R 方 = .337）

图 11-3　主体间效应的检验输出结果

（5）选择【分析】—【一般线性模型】—【单变量】，打开单变量对话框，将"销售量"选择到"因变量"，"商场"和"城市"选择到"固定因子"，如图11-4所示。

图 11 - 4　单变量对话框

（6）单击【模型】—【设定】，在"构建项"中选择"交互"，将"商场"、"城市"同时选择到"模型"，如图 11 - 5 所示。

图 11 - 5　单变量：模型对话框

（7）单击【继续】—【确定】，输出结果，如图11－6所示。

主体间效应的检验

因变量：销售量

源	III型平方和	df	均方	F	Sig.
校正模型	1154.500ᵃ	5	230.900	4.904	.005
截距	8664.000	1	8664.000	184.014	.000
商场	280.167	1	280.167	5.950	.025
城市	567.750	2	283.875	6.029	.010
商场 * 城市	306.583	2	153.292	3.256	.062
误差	847.500	18	47.083		
总计	10666.000	24			
校正的总计	2002.000	23			

a. R 方 = .577（调整 R 方 = .459）

图 11 - 6　主体间效应的检验输出结果

（8）选择【分析】—【一般线性模型】—【单变量】，打开单变量对话框，将"销售量"选择到"因变量"，"商场"和"城市"选择到"固定因子"，将"价格"选择到"协变量"，如图11 - 7所示。

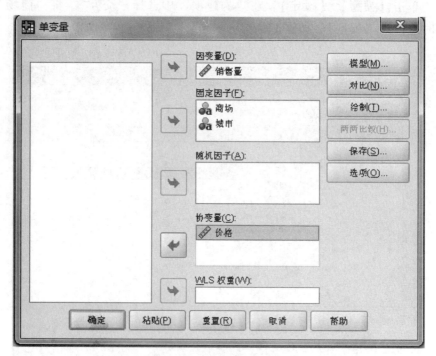

图 11 - 7　单变量对话框

（9）单击【模型】—【设定】，在"构建项"中选择"主效应"，将"商场"，"城市"，"价格"选择到"模型"中，再在"构建项"中选择"交互"，将"商场"

和"城市"同时选择到"模型"中，如图 11 − 8 所示。

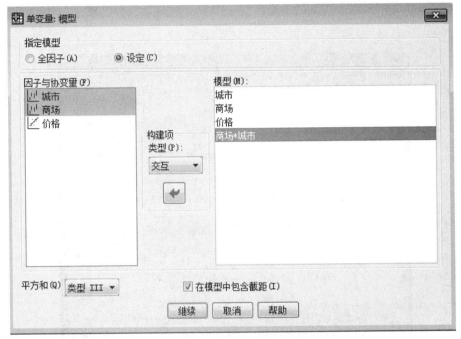

图 11 − 8　单变量：模型对话框

（10）单击【确定】，输出结果，如图 11 − 9 所示。

主体间效应的检验

因变量：销售量

源	III型平方和	df	均方	F	Sig.
校正模型	1833.022ª	6	305.504	30.735	.000
截距	1773.487	1	1773.487	178.421	.000
城市	.701	2	.350	.035	.965
商场	3.882	1	3.882	.390	.540
价格	678.522	1	678.522	68.262	.000
城市 * 商场	.542	2	.271	.027	.973
误差	168.978	17	9.940		
总计	10666.000	24			
校正的总计	2002.000	23			

a. R 方 = .916（调整 R 方 = .886）

图 11 − 9　主体间效应的检验输出结果

练习 2

操作步骤同练习 1。

练习 3

（1）调入数据文件"11 心理学实验数据 . sav"。

（2）选择【分析】—【一般线性模型】—【单变量】，打开单变量对话框，将"得分"选择到"因变量"，"目标"、"设备"和"照明环境"选择到"固定因子"，如图11-10所示。

图 11-10　单变量对话框

（3）单击【模型】—【设定】，在"构建项"中选择"主效应"，将"目标"、"设备"、"照明环境"选择到"模型"中，再在"构建项"中选择"交互"，将"目标""设备""照明环境"两两选择到"模型"中，如图11-11所示。

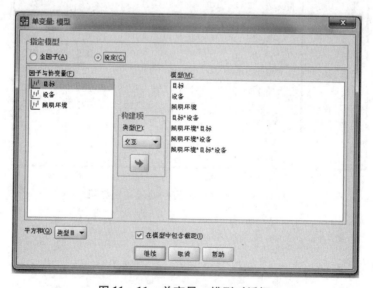

图 11-11　单变量：模型对话框

（4）单击【继续】—【确定】，输出结果，如图 11 - 12 所示。

主体间效应的检验

因变量：得分

源	III型平方和	df	均方	F	Sig.
校正模型	783.467ª	23	34.064	46.451	.000
截距	3162.133	1	3162.133	4312.000	.000
目标	235.200	3	78.400	106.909	.000
设备	86.467	2	43.233	58.955	.000
照明环境	76.800	1	76.800	104.727	.000
目标 * 设备	104.200	6	17.367	23.682	.000
目标 * 照明环境	93.867	3	31.289	42.667	.000
设备 * 照明环境	12.600	2	6.300	8.591	.000
目标 * 设备 * 照明环境	174.333	6	29.056	39.621	.000
误差	70.400	96	.733		
总计	4016.000	120			
校正的总计	853.867	119			

a. R方 = .918（调整 R方 = .898）

图 11 - 12　主体间效应的检验输出结果

实验十二　均值比较检验与方差分析

【实验目的】

掌握两样本 T 检验；掌握单因素和多因素单变量方差分析方法。

【实验内容】

练习1：为了比较两种材料的质量，选择 15 台不同设备对这两种材料进行特别处理，假设未处理前两种材料的指标数据均为 10，一星期后经测量得到两种材料的指标数据如下：试根据下面的数据检验两种材料的质量有无显著差异？

材料A	7.6	7.0	8.3	8.2	5.2	9.3	7.9	8.5	7.8	7.5	6.1	8.9	6.1	9.4	9.1
材料B	8.0	6.4	8.8	7.9	6.8	9.1	6.3	7.5	7.0	6.5	4.4	7.7	4.2	9.4	9.1

练习2：下面给出的是两个大文学家马克·吐温的 8 篇小品文及斯诺特格拉斯的 10 篇小品文中由 3 个字母组成的词的比例。

马克·吐温	0.225	0.262	0.217	0.240	0.230	0.229	0.235	0.217		
斯诺特格拉斯	0.209	0.205	0.196	0.210	0.202	0.207	0.224	0.223	0.220	0.201

设两组数据分别来自正态总体，试检验两位作家写的小品文稿中包含由 3 个字母组成的词的比例是否有显著的差异？并且检验两组数据的方差是否相等？（先写出原假设，再对检验结果进行分析。将分析过程保存至实验报告）

练习3：现有甲、乙、丙 3 家企业生产同一种型号的电池，为评比其质量，从每个生产企业各随机抽取 12 只进行寿命测试，数据如下表所示：

工厂	寿命（h）											
甲	40	48	38	42	45	43	42	39	48	44	47	43
乙	26	31	30	34	34	35	29	28	37	32	37	35
丙	39	41	40	42	41	42	47	50	43	50	48	43

试在显著性水平 0.05 下，检验三企业生产的电池的平均寿命 μ_1、μ_2、μ_3 有无显著差异，绘制出均值图；并求 $\mu_1 - \mu_2$，$\mu_1 - \mu_3$，$\mu_2 - \mu_3$ 的 95% 置信区间。（将分析过程保存至实验报告）

练习 4：下表中给出了某种化工过程在三种浓度、四种温度水平下的得率。

浓度（%）	温度（℃）			
	10	24	38	52
2	14 10	11 11	13 9	10 12
4	9 7	10 8	7 11	6 10
6	5 11	13 14	12 13	14 10

假设在诸水平的搭配下的总体服从正态分布且方差相等，试在水平 0.05 下检验不同的浓度及不同的温度下的得率的差异是否显著？交互作用的效应是否显著？（将分析过程保存至实验报告）

【实验数据】

练习 1：SPSS 数据文件 "12 - AB 材料质量.sav"。
练习 2：SPSS 数据文件 "12 - 3 个字母词的比例.sav"。
练习 3：SPSS 数据文件 "12 - 电池使用寿命.sav"。
练习 4：SPSS 数据文件 "12 - 得率.sav"。

【实验步骤】

练习 1
（1）调入数据文件 "12 - AB 材料质量.sav"。
（2）选择【分析】—【比较均值】—【配对样本 T 检验】，打开配对样本 T 检验对话框，将 "材料 A" 和 "材料 B" 选择到 "成对变量" 中，如图 12 - 1 所示。

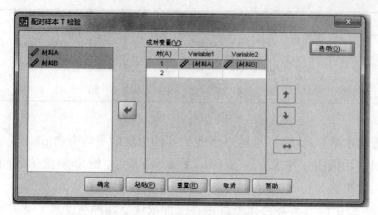

图 12-1　配对样本 T 检验对话框

（3）单击【确定】，输出结果，如图 12-2 所示。

成对样本检验

		成对差分					t	df	Sig.(双侧)
		均值	标准差	均值的标准误	差分的 95% 置信区间				
					下限	上限			
对 1	材料A - 材料B	.5200	.9466	.2444	-.0042	1.0442	2.128	14	.052

图 12-2　成对样本检验对话框

练习 2

（1）调入数据文件"12-3 个字母词的比例 . sav"。

（2）选择【分析】—【比较均值】—【独立样本 T 检验】，打开独立样本 T 检验对话框，将"比例"选择到"检验变量"，将"作者"选择到"分组变量"，对"作者"进行"定义组"，如图 12-3 所示。

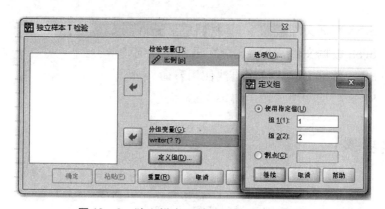

图 12-3　独立样本 T 检验：定义组对话框

（3）单击【继续】—【确定】，输出实验结果，如图 12-4 所示。

独立样本检验

		方差方程的 Levene 检验		均值方程的t检验					差分的 95% 置信区间	
		F	Sig.	t	df	Sig.(双侧)	均值差值	标准误差值	下限	上限
比例	假设方差相等	.587	.455	3.878	16	.001	.022175	.005718	.010053	.034297
	假设方差不相等			3.704	11.671	.003	.022175	.005987	.009088	.035262

DATASET CLOSE 数据集4.

图 12－4 独立样本 T 检验对话框

练习 3

（1）调入数据文件"12－电池使用寿命.sav"。

（2）选择【分析】—【比较均值】—【单因素】，打开单因素方差分析对话框，将"电池（寿命）"选择到"因变量列表"，将"企业"选择到"因子"，如图 12－5 所示。

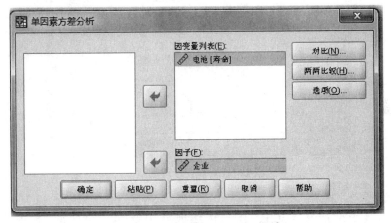

图 12－5 单因素方差分析对话框

（3）单击【选项】，将"描述性"，"方差同质性检验"，"均值图"都打钩，如图 12－6 所示。

图 12－6 单因素：选项对话框

（4）单击【继续】—【确定】，输出结果。

练习4

（1）调入数据文件"12 – 得率.sav"。

（2）选择【分析】—【一般线性模型】—【单变量】，打开单变量对话框，将"得率（结果）"选择到"因变量"，"浓度"和"温度"选择到"固定因子"，如图12 – 7所示。

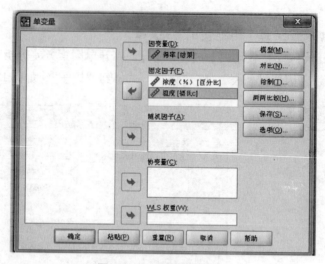

图12 – 7　单变量对话框

（3）单击【模型】—【设定】，在"构建项"中选择"主效应"，将"百分比"，"摄氏c"，选择到"模型"中，再在"构建项"中选择"交互"，将"百分比""摄氏c"同时选择到"模型"中，如图12 – 8所示。

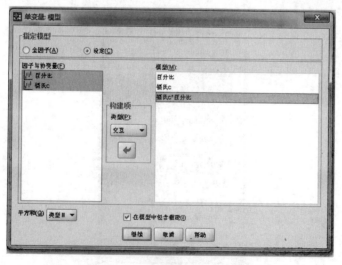

图12 – 8　单变量：模型对话框

（4）单击【继续】—【确定】，输出结果，如图 12 - 9 所示。

主体间效应的检验

因变量：得率

源	III型平方和	df	均方	F	Sig.
校正模型	82.833ᵃ	11	7.530	1.390	.290
截距	2604.167	1	2604.167	480.769	.000
百分比	44.333	2	22.167	4.092	.044
摄氏c	11.500	3	3.833	.708	.566
百分比 * 摄氏c	27.000	6	4.500	.831	.568
误差	65.000	12	5.417		
总计	2752.000	24			
校正的总计	147.833	23			

a. R方 = .560（调整 R方 = .157）

图 12 - 9　主体间效应的检验输出结果

实验十三 综合案例——高大图书公司问卷分析（2）

【实验目的】

掌握利用 SPSS 进行问卷分析的基本方法：差异性分析。

【实验内容】

有问卷如下：

a1. 您最喜欢本公司所提供的何种产品？（可复选）

1. □杂志 2. □书籍 3. □文具 4. □礼品 5. □影音

a2. 您购买过本公司的产品吗？ 1. □有 2. □没有

a3. 您最近一次购买本公司产品的消费金额是多少元？_____元

a4. 整体而言，您会给本公司几分？（0~10 分）_____分

a5. 您会向别人推荐本公司的产品吗？ 1. □会 2. □可能会 3. □不会

a6. 期望产品质量（1~20 分）_____分

a7. 期望企业形象（1~15 分）_____分

a8. 期望购买意愿（1~15 分）_____分

a9. 认知产品质量（1~20 分）_____分

a10. 认知企业形象（1~15 分）_____分

a11. 认知购买意愿（1~15 分）_____分

b1. 性　　别：1. □男 2. □女

b2. 教育程度：1. □高中以下 2. □大专及本科 3. □研究生

b3. 年　　龄：1. □15 岁以下 2. □16~20 岁 3. □21~25 岁
　　　　　　　 4. □26~30 岁 5. □31~35 岁 6. □36 岁以上

数据资料见数据文件"7 高大图书公司数据"。根据该数据你能做哪些差异性分析？

【实验数据】

SPSS 数据文件"7 高大图书公司数据"。

【实验步骤】

详细步骤略。下表为部分分析思路。

问题	类别	方法	SPSS 功能
性别与期望（或认知） 性别与消费金额（或整体评分）	单因素	2 分类—独立样本 T 检验	均值比较—独立样本 T 检验
期望与认知	2 定量	成对样本 T 检验	均值比较—配对样本 T 检验
教育程度（或年龄）与期望（或认知） 教育程度（或年龄）与消费金额（整体评分）	单因素	多分类—单因素方差分析	均值比较—单因素方差分析
性别、教育与整体评分	2 因素	多因素方差分析	一般线性模型—单变量

实验十四 相关分析

【实验目的】

掌握 SPSS 各种相关分析的方法。

【实验内容】

练习 1：根据数据"14 居民收入与人均 GDP. sav"，用两种方法做"城镇居民收入"与"人均 GDP"的散点图，分析二者的相关关系。

练习 2：根据数据"14 证券投资额与依据 . sav"，分析"证券市场以外年收入"（券外收入）和"投入证券市场总资金"（投资总额）与年龄段、文化程度、入市年份的相关关系；分析"依据公司业绩买入"与"依据公司业绩卖出"的相关关系。

练习 3：根据数据"14 商业投资与经济增长 . sav"，分析"风景区商业投资额"与"风景区经济增长率"的简单相关关系和偏相关关系。

【实验数据】

练习 1：SPSS 数据文件"14 居民收入与人均 GDP. sav"。
练习 2：SPSS 数据文件"14 证券投资额与依据 . sav"。
练习 3：SPSS 数据文件"14 商业投资与经济增长 . sav"。

【实验步骤】

练习 1
方法一：
（1）调入数据文件"14 居民收入与人均 GDP. sav"。
（2）选择【图形】—【图表构建程序】，在"选择范围"中选择"散点图"，选择简单散点图拖到上面右框中，如图 14 – 1 所示。

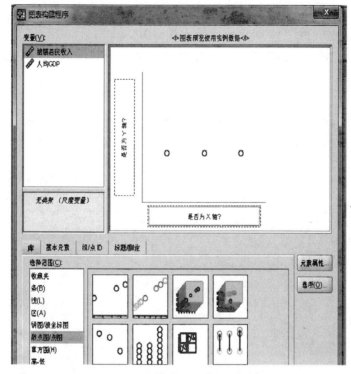

图 14－1　图表构建程序对话框

（3）将"人均 GDP"拖到 X 轴，"城镇居民收入"拖到 Y 轴，单击【确定】，输出结果，如图 14－2 所示。

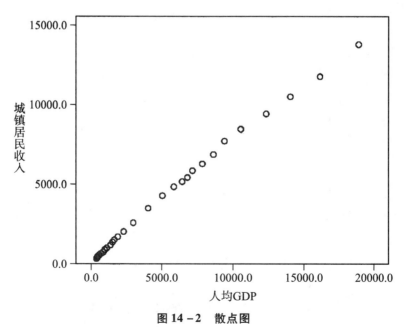

图 14－2　散点图

方法二：

（1）调入数据文件"14 居民收入与人均 GDP. sav"。

（2）选择【图形】—【图形画版模板选择程序】，在"详细"栏选择"散点图"，如图 14 - 3 所示。

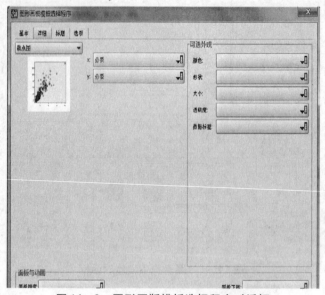

图 14 - 3　图形画版模板选择程序对话框

（3）在"X"处输入"人均 GDP"，在"Y"处输入"城镇居民收入"，单击【确定】，输出结果，如图 14 - 4 所示。

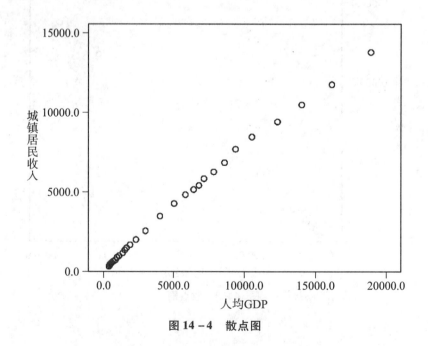

图 14 - 4　散点图

练习2

分析"证券市场以外年收入"(券外收入)与年龄段、文化程度、入市年份的相关关系:

(1)调入数据文件"14 证券投资额与依据.sav"。

(2)单击【分析】—【相关】—【双变量】,将"证券市场以外年收入"、"年龄段"、"文化程度"、"入市年份"拖到"变量中",因为涉及到定性数据,"相关系数"可以选择后面两个,"显著性检验"选择"双侧检验",如图 14 - 5 所示。

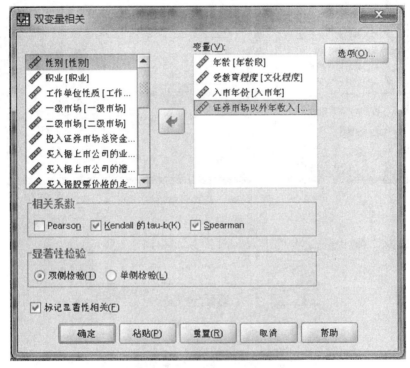

图 14 - 5　双变量相关对话框

(3)单击【确定】,输出结果。

分析"投入证券市场总资金"(投资总额)与年龄段、文化程度、入市年份的相关关系步骤同上。

分析"依据公司业绩买入"与"依据公司业绩卖出"的相关关系:

(1)调入数据文件"14 证券投资额与依据.sav";

(2)选择【分析】—【描述统计】—【交叉表】,将"依据公司业绩买入"放入"行",将"依据公司业绩卖出"放入"列",如图 14 - 6 所示。

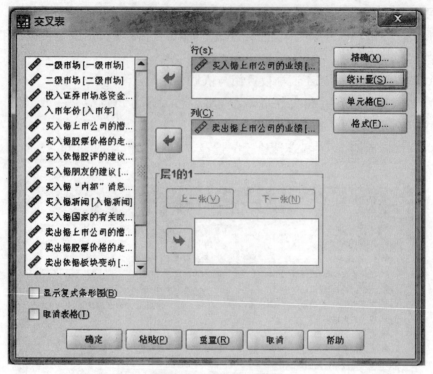

图 14-6　交叉表对话框

（3）选择"统计量"，将"卡方"打钩，如图 14-7 所示。

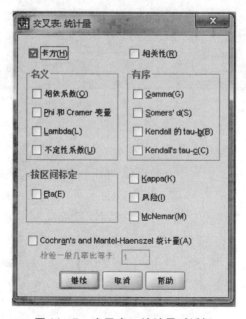

图 14-7　交叉表：统计量对话框

（4）单击【继续】—【确定】，输出结果。

练习 3

（1）调入数据文件"14 商业投资与经济增长 . sav"。

（2）选择【分析】—【相关】—【偏相关】，将"风景区商业投资额"与"风景区经济增长率"放到"变量"框，将"游客增长%"放到"控制变量框"；单击【选项】，选择"零阶相关系数"；单击【继续】返回到"偏相关"对话框，"显著性检验"选择"双侧检验"，单击【确定】。具体如图 14 - 8 所示。

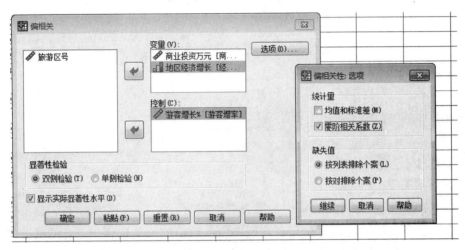

图 14 - 8 偏相关对话框

实验十五　一元回归分析

【实验目的】

掌握利用 SPSS 进行回归分析的方法，并进行预测。

【实验内容】

练习 1：已知某地区 1991~2013 年交通运输客运量与人均国内生产总值的数据资料，要求：将交通运输客运量与人均国内生产总值的关系拟合一条合适的曲线。

练习 2：建立回归分析模型：根据数据"15 温州 GDP 预测 . sav"，建立 GDP 与固定资产投资的回归模型；建立 GDP 与年份的回归模型，并利用此回归结果预测 2014 年和 2015 年 GDP。（要求：用规范格式书写出模型。将各步实验结果复制到实验报告）

（提示：在操作过程中，可以将年份简化：即：将年份用序号表示，即：1978 为 1、1979 为 2，依此类推）

【实验数据】

练习 1：SPSS 数据文件"15 某地区交通运输客运量与人均国内生产总值数据温州 GDP 预测 . sav"。

练习 2：SPSS 数据文件"15 温州 GDP 预测 . sav"。

【实验步骤】

练习 1

（1）调入数据文件"15 某地区交通运输客运量与人均国内生产总值数据温州 GDP 预测 . sav"。

（2）选择【分析】—【回归】—【曲线估计】，将"客运量"放到"因变量"，"人均 GDP"放入"自变量",模型全选,输出结果,选 R 方较大所对应的模型。

练习 2

(1)调入数据文件"15 温州 GDP 预测 . sav"。

(2)选择【分析】—【回归】—【曲线估计】,将"生产总值(y)"放到"因变量","固定资产投资(x)"放入"自变量",模型全选,输出结果,选 R 方较大所对应的模型。

(3)同理做出"生产总值"与"年份"的曲线估计,代入方程式得到 2014 年和 2015 年 GDP 数值。

实验十六　多元线性回归分析

【实验目的】

掌握多元线性回归分析的方法。

【实验内容】

练习1：根据以下资料建立多元线性回归方程。

年份	粮食产量 y	有机肥 x1	牲畜头数 x2
2005	24	46	15
2006	25	44	17
2007	26	46	16
2008	26	46	15
2009	25	44	15
2010	27	46	16
2011	28	45	18
2012	30	48	20
2013	31	50	19

要求：

（1）用规范格式书写出模型，并进行统计检验、计量经济检验和经济意义检验。

（2）如果2014年 $X1 = 52$，$X2 = 21$，预测该年粮食产量。（将各步实验结果复制到实验报告）

练习2：为了研究高校科研项目立项的数目受哪些因素的影响，经调查得到16所高校的科研数据，数据资料见 SPSS 数据文件"16高校科研数据 . sav"。试建立多元线性回归分析。（要求：用规范格式书写出模型，并进行统计检验、计量经济检验和经济意义检验）

练习3：已知某地区1996～2013年水稻产量和水稻播种面积、化肥使用量、生猪存栏数以及水稻扬花期降雨量的数据资料，数据中有18个观测样本，代表了1996～

2013 年共 18 个年份，有 7 个属性变量。具体数据见 SPSS 数据文件"16 水稻总产量数据 . sav"。试用线性回归分析为该地区水稻产量寻求一个恰当的回归模型。要求：用规范格式书写出模型，并进行统计检验、计量经济检验和经济意义检验。

【实验数据】

练习 1：SPSS 数据文件"16 粮食产量数据 . sav"。

练习 2：SPSS 数据文件"16 高校科研数据 . sav"。

练习 3：SPSS 数据文件"16 水稻总产量数据 . sav"。

【实验步骤】

练习 1

（1）调入数据文件"16 粮食产量数据 . sav"。

（2）单击【分析】—【回归】—【线性】，将"粮食产量（y）"放入"因变量"，"有机肥（x1）"和"生猪头数（x2）"放入"自变量"，"方法"选"逐步"，如图 16 – 1 所示。

图 16 – 1　线性回归对话框

（3）在"统计量"中，将"估计"、"模型拟合度"、"共线性诊断"、"D. W"

打钩，单击【继续】—【确定】，如图 16 - 2 所示。

图 16 - 2　线性回归：统计量对话框

练习 2

（1）调入数据文件"16 高校科研数据 . sav"。

（2）单击【分析】—【回归】—【线性】，将"科研项目立项数"放入"因变量"，"科研岗位人数"、"高职称人数"、"科研经费"、"专著数"、"论文数"、"获奖数"放入"自变量"，"方法"选"逐步"，如图 16 - 3 所示。

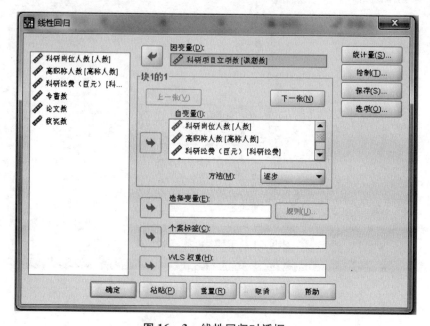

图 16 - 3　线性回归对话框

（3）在"统计量"中，将"估计"、"模型拟合度"、"共线性诊断"、"D. W"打钩，单击【继续】—【确定】。

练习3

（1）调入数据文件"16 水稻总产量数据 . sav"。

（2）单击【分析】—【回归】—【线性】，将"水稻总产量"放入"因变量"，"水稻播种面积"、"化肥使用量"、"生猪存栏数"、"水稻扬花期降雨量"放入"自变量"，"方法"选"逐步"，如图 16 - 4 所示。

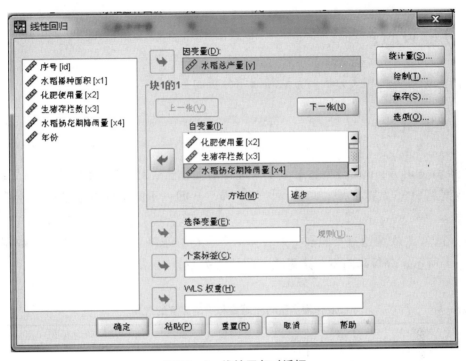

图 16 - 4　线性回归对话框

（3）在"统计量"中，将"估计"、"模型拟合度"、"共线性诊断"、"D. W"打钩，单击【继续】—【确定】。

实验十七 相关分析与回归分析

【实验目的】

掌握 SPSS 各种相关分析的方法和回归分析的方法。

【实验内容】

练习 1：用 A、B 两套方案对 170 人进行培训，然后对培训后的业绩进行了统计，具体数据见 SPSS 数据文件"17 培训效果.sav"。问：不同培训方案是否与业绩改进相关？

练习 2：某农场通过实验取得某农作物产量与春季降雨量和平均温度的数据，如表 17-1 所示。分析降雨量与产量之间的相关关系。

表 17-1   农作物产量与降雨量和平均温度的数据

农作物产量（千克）	降雨量（毫米）	平均温度（摄氏度）
150	25	6
230	33	8
300	45	10
450	105	13
480	111	14
500	115	16
550	120	17
580	120	18
600	125	18
600	130	20

练习 3：根据数据"17 信用卡消费.sav"，建立信用卡消费 y 与收入 x1 与家庭人口 x2 的回归模型。（要求：用规范格式书写出模型，并进行统计检验、计量经济检验和经济意义检验）

练习 4：已知 1978～2013 年我国国内生产总值和社会消费品零售总额数据如表

17 – 2 所示。试对国内生产总值和社会消费品零售总额之间的关系进行回归分析。

表 17 – 2　　　1978～2013 年我国国内生产总值和社会消费品零售总额数据表

年份	国内生产总值（亿元）	社会消费品零售总额（亿元）
1978	3645.2	1558.6
1979	4062.6	1800
1980	4545.6	2140
1981	4891.6	2350
1982	5323.4	2570
1983	5962.7	2849.4
1984	7208.1	3376.4
1985	9016	4305
1986	10275.2	4950
1987	12058.6	5820
1988	15042.8	7440
1989	16992.3	8101.4
1990	18667.8	8300.1
1991	21781.5	9415.6
1992	26923.5	10993.7
1993	35333.9	12462.1
1994	48197.9	16264.7
1995	60793.7	20620
1996	71176.6	24774.1
1997	78973	27298.9
1998	84402.3	29152.5
1999	89677.1	31134.7
2000	99214.6	34152.6
2001	109655.2	37595.2
2002	120332.7	48135.9
2003	135822.8	52516.3
2004	159878.3	59501
2005	183867.9	67176.6
2006	216314.4	76410
2007	265810.3	89210
2008	314045.4	108487.7
2009	340902.8	125343
2010	401202	154554
2011	471564	181226
2012	519322	210307
2013	568845	237810

（将实验结果复制到实验报告）

【实验数据】

练习1：SPSS 数据文件"17 培训效果 . sav"。

练习2：EXCEL 数据文件"表 17－1：农作物产量与降雨量和平均温度的数据"。

练习3：SPSS 数据文件"17 信用卡消费 . sav"。

练习4：EXCEL 数据文件"表 17－2　1978～2013 年我国国内生产总值和社会消费品零售总额"。

【实验步骤】

练习1

（1）调入数据文件"17 培训效果 . sav"；

（2）选择【分析】—【描述统计】—【交叉表】，将"培训方案"放入"行"，将"效果"放入"列"，如图 17－1 所示。

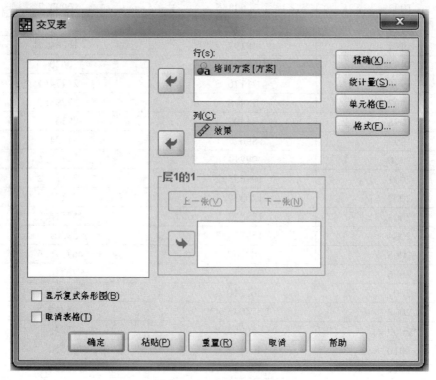

图 17－1　交叉表对话框

（3）选择"统计量"，将"卡方"打钩，如图 17－2 所示。

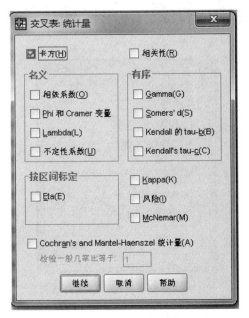

图 17 - 2　交叉表：统计量对话框

（4）单击【继续】—【确定】，输出结果。

练习 2

（1）调入数据文件"表 17 - 1：农作物产量与降雨量和平均温度的数据"。

（2）选择【分析】—【相关】—【偏相关】，将"农作物产量"、"降雨量"选入"变量"，将"平均温度"选入"控制"，如图 17 - 3 所示。

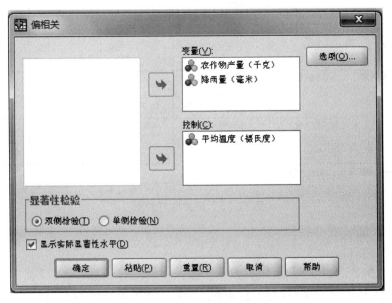

图 17 - 3　偏相关对话框

（3）单击"选项"将"零阶相关系数"打钩，如图17－4所示。

图17－4 偏相关性：选项对话框

（4）单击【继续】—【确定】，输出结果，如图17－5所示。

相关性

控制变量			农作物产量（千克）	降雨量（毫米）	平均温度（摄氏度）
-无-[a]	农作物产量（千克）	相关性	1.000	.981	.986
		显著性（双侧）	.	.000	.000
		df	0	8	8
	降雨量（毫米）	相关性	.981	1.000	.957
		显著性（双侧）	.000	.	.000
		df	8	0	8
	平均温度（摄氏度）	相关性	.986	.957	1.000
		显著性（双侧）	.000	.000	.
		df	8	8	0
平均温度（摄氏度）	农作物产量（千克）	相关性	1.000	.780	
		显著性（双侧）	.	.013	
		df	0	7	
	降雨量（毫米）	相关性	.780	1.000	
		显著性（双侧）	.013	.	
		df	7	0	

a. 单元格包含零阶 (Pearson) 相关。

图17－5 相关性对话框

练习3

（1）调入数据文件"17信用卡消费.sav"。

（2）单击【分析】—【回归】—【线性】，将"信用卡支付数额（y）"放入"因变量"，"年收入（x1）"和"家庭成员数（x2）"放入"自变量"，"方法"选"逐步"，如图17－6所示。

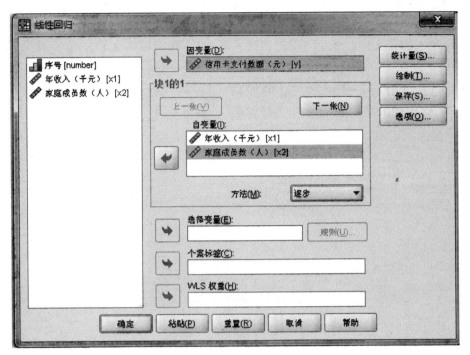

图 17－6　线性回归对话框

（3）在"统计量"中，将"估计"、"模型拟合度"、"共线性诊断"、"D. W"打钩，单击【继续】—【确定】。如图 17－7 所示。

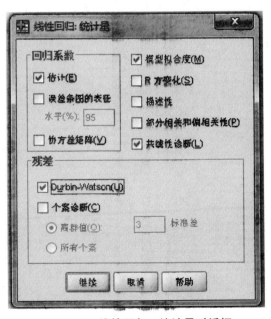

图 17－7　线性回归：统计量对话框

练习 4

（1）调入数据文件"表 17 – 2：1978～2012 年我国国内生产总值和社会消费品零售总额"。

（2）选择【分析】—【回归】—【曲线估计】，将"社会消费品零售总额"放到"因变量"，"国内生产总值"放入"自变量"，模型全选，输出结果，选 R 方较大所对应的模型。

实验十八 综合案例——高大图书公司问卷分析（3）

【实验目的】

掌握利用 SPSS 进行问卷分析的基本方法：相关分析与回归分析。

【实验内容】

有问卷如下：

a1. 您最喜欢本公司所提供的何种产品？（可复选）

1. □杂志　2. □书籍　3. □文具　4. □礼品　5. □影音

a2. 您购买过本公司的产品吗？　1. □有　　　2. □没有

a3. 您最近一次购买本公司产品的消费金额是多少元？＿＿＿元

a4. 整体而言，您会给本公司几分？（0~10 分）＿＿＿分

a5. 您会向别人推荐本公司的产品吗？　1. □会　2. □可能会　3. □不会

a6. 期望产品质量（1~20 分）＿＿＿分

a7. 期望企业形象（1~15 分）＿＿＿分

a8. 期望购买意愿（1~15 分）＿＿＿分

a9. 认知产品质量（1~20 分）＿＿＿分

a10. 认知企业形象（1~15 分）＿＿＿分

a11. 认知购买意愿（1~15 分）＿＿＿分

b1. 性　　　别：1. □男　　2. □女

b2. 教育程度：1. □高中以下　　2. □大专及本科　　3. □研究生

b3. 年　　　龄：1. □15 岁以下　　2. □16~20 岁　　3. □21~25 岁

　　　　　　　　4. □26~30 岁　　5. □31~35 岁　　6. □36 岁以上

数据资料见数据文件"7 高大图书公司数据"。要求：

1. 分析消费金额与总体评分之间的简单相关关系；消费金额与认知（认知产品质量、认知企业形象、认知购买意愿）之间的简单相关关系。

2. 分析"是否推荐"与认知（认知产品质量、认知企业形象、认知购买意愿）之间的相关关系。

3. 分析"是否推荐"与"是否购买"之间的相关关系。

4. 分析"最喜欢本公司提供的何种产品"与"教育程度"之间的关联度。

5. 分析期望（期望产品质量、期望企业形象、期望购买意愿）与认知（认知产品质量、认知企业形象、认知购买意愿）之间的相关关系。

6. 分析购买意愿（认知的）与总体评分之间的偏相关关系。

7. 以"消费金额"为因变量，以"总体评分"作为自变量，建立一元回归方程，并进行检验。

8. 以"消费金额"为因变量，以"认知产品质量、认知企业形象以及认知购买意愿"作为自变量，建立多元线性回归方程，并进行检验。

【实验数据】

SPSS 数据文件"7 高大图书公司数据 . sav"。

【实验步骤】

调入数据文件"7 高大图书公司数据 . sav"，进行如下操作：

1. 选择【分析】—【相关】—【双变量】，将"最近一次消费金额"和"总体评分"放进"变量"，"相关系数"选择第一个，"显著性检验"选择"双侧检验"，单击【确定】，如图 18－1 所示。

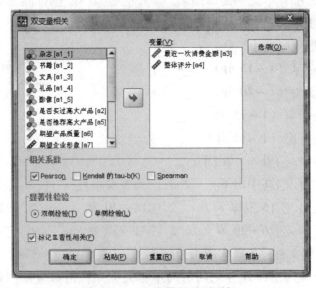

图 18－1 双变量相关对话框

消费金额与认知（认知产品质量、认知企业形象、认知购买意愿）之间的简单相关关系的操作步骤同上。

2. 选择【分析】—【相关】—【双变量】，将"是否推荐"和"认知产品质量"放进"变量"，"相关系数"可以选择后面两个，"显著性检验"选择"双侧检验"，单击【确定】，如图 18 - 2 所示。同理去分析"是否推荐"与"认知企业形象"、"认知购买意愿"之间的相关关系。（注：本题也可以采用单因素方差分析来做）

图 18 - 2　双变量相关对话框

3. 选择【分析】—【描述统计】—【交叉表】，将"是否推荐"放入"行"，将"是否购买"放入"列"，选择"统计量"，将"卡方"打钩，单击【继续】—【确定】，如图 18 - 3 所示。

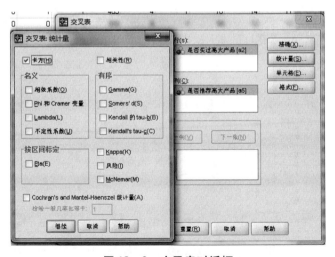

图 18 - 3　交叉表对话框

4. （1）选择【分析】—【表】—【多响应集】，打开定义多重响应集对话框，将变量a1_1 ~ a1_5 选入集合中的变量，选择"二分法：计数值 1"，在名称中输入 a1，标签"公司产品"，再选择"添加"，变量集 \$a1 就生成了，单击【确定】，如图 18 - 4 所示。

图 18 - 4　定义多重响应集对话框

（2）选择【分析】—【表】—【设定表】，打开设定表格对话框，将"教育程度"放入"行"，将"公司产品"放入"列"，在"检验统计量"中选择"独立性检验"，单击【继续】—【确定】，输出结果。

5. 选择【分析】—【比较均值】—【配对样本 T 检验】，将"期望产品质量"与"认知产品质量"，"期望企业形象"与"认知企业形象"，"期望购买意愿"与"认知购买意愿"分别放入"成对变量"，单击【确定】，如图 18 - 5 所示。（注：本题也可以采用相关分析来做）

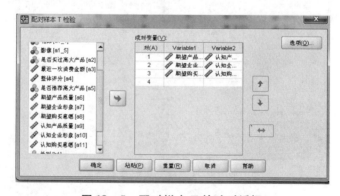

图 18 - 5　配对样本 T 检验对话框

6. 选择【分析】—【相关】—【偏相关】，将"认知购买意愿"与"总体评分"放入"变量"，将"认知产品质量"和"认知企业形象"放入"控制"，单击【确定】，如图 18 - 6 所示。

图 18 - 6　偏相关对话框

7. 选择【分析】—【回归】—【曲线估计】，将"消费金额"放到"因变量"，"总体评分"放入"自变量"，模型全选，输出结果，选 R 方较大所对应的模型。

8. 单击【分析】—【回归】—【线性】，将"消费金额"放入"因变量"，"认知产品质量、认知企业形象以及认知购买意愿"放入"自变量"，"方法"选"逐步"，在"统计量"中，将"估计"、"模型拟合度"、"共线性诊断"、"D. W"打钩，单击【继续】—【确定】，如图 18 - 7 所示。输出结果。

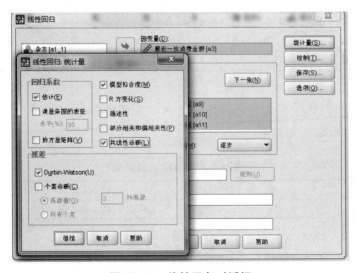

图 18 - 7　线性回归对话框

实验十九　非参数检验（1）

【实验目的】

掌握利用 SPSS 进行非参数检验的方法。

【实验内容】

练习1：一批包装盒，其重量有些差异，连续抽查了 20 件，其重量分别为：

| 3.6 | 3.9 | 4.1 | 3.6 | 3.8 | 3.7 | 3.4 | 4.0 | 3.8 | 4.1 |
| 3.9 | 4.0 | 3.8 | 4.2 | 4.1 | 3.7 | 3.8 | 3.6 | 4.0 | 4.1 |

能否认为其重量的变动是随机的（$\alpha = 0.05$）。

练习2：下面列出某企业一车间随机抽取的 24 只同种部件的装配时间，试检验这些数据是否服从正态分布（$\alpha = 0.05$）？

装配时间　　　　　　　　　　　　　　　　　　单位：分

9.8	10.9	9.9	10.5	9.6	10.2	9.8	10.7
10.4	11.1	11.2	9.7	9.7	10.3	10.5	9.9
10.6	9.6	10.1	10.3	9.9	9.6	10.1	10.1

练习3：测得铅作业工人与非铅作业工人的血铅值（ug/100g）（见下表），试检验两组工人的血铅值有无差别？

两组工人的血铅值数据表

| 非铅作业组（1） | 5 | 5 | 6 | 7 | 9 | 12 | 13 | 15 | 18 | 21 |
| 铅作业组（2） | 17 | 18 | 20 | 25 | 34 | 43 | 44 | | | |

练习4：对四组大白鼠使用不同剂量的某种激素后，测量趾骨间隙宽度的增加量（mm），具体数据如下表。问各组的增加量有无差异？（将实验结果复制到实验报告，

并作出适当的分析）

四组大白鼠趾骨间隙宽度增加量数据表

一组	二组	三组	四组
0.15	1.2	0.5	1.5
0.3	1.35	1.2	1.5
0.4	1.4	1.4	2.5
0.4	1.5	2	2.5
0.5	1.9	2.2	
	2.3	2.2	

【实验数据】

练习1：SPSS 数据文件"19 包装盒重量数据.sav"。

练习2：SPSS 数据文件"19 装配时间数据.sav"。

练习3：SPSS 数据文件"19 血铅值数据.sav"。

练习4：SPSS 数据文件"19 大白鼠趾骨间隙宽度增加量数据.sav"。

【实验步骤】

练习1

（1）调入数据文件"19 包装盒重量数据.sav"。

（2）选择【分析】—【非参数检验】—【游程】，将"公斤（重量）"选入检验变量列表，单击【确定】，如图 19-1 所示。

图 19-1 游程检验对话框

练习 2

（1）调入数据文件"19 装配时间数据 . sav"。

（2）选择【分析】—【非参数检验】—【1 – 单样本 K – S】，将"分钟（装配时间）"放入"检验变量列表"；在检验分布中选择"常规"，单击【确定】，如图 19 – 2 所示。

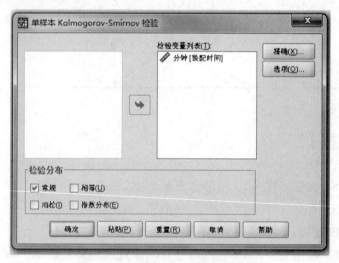

图 19 – 2 单样本 K – S 检验对话框

练习 3

（1）调入数据文件"19 血铅值数据 . sav"。

（2）选择【分析】—【非参数检验】—【2 个独立样本】，将"血铅值"放入"检验变量列表"，"group"放入"分组变量"，"定义组"分别为 1 和 2，单击【继续】—【确定】，如图 19 – 3 所示。

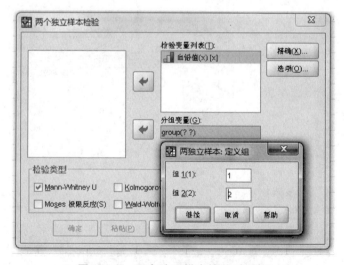

图 19 – 3 两个独立样本检验对话框

练习4

（1）调入数据文件"19 大白鼠趾骨间隙宽度增加量数据. sav"。

（2）选择【分析】—【非参数检验】—【K个独立样本】，将"增加量"放入"检验变量列表"，"group"放入"分组变量"，"定义组"分别为1和4，单击【继续】—【确定】，如图19-4所示。输出结果。

图19-4 多个独立样本检验对话框

实验二十 非参数检验 （2）

【实验目的】

掌握利用 SPSS 进行非参数检验的方法。

【实验内容】

练习1：使用两台仪器对同一批产品进行测量，从中抽取了 8 个样品，由两台仪器测量的结果记录如下，试问两台仪器的测量结果有无显著差 （α=0.05）？

样品号	1	2	3	4	5	6	7	8
仪器 A	1.04	1.15	1.86	0.75	1.82	1.14	1.65	1.92
仪器 B	1.08	1.00	1.90	0.90	1.80	1.20	1.70	1.86

练习2：一个广告公司要了解不同年龄的人对电视节目的喜好是否一致，故将电视观众分为三个年龄组，从三个不同组的人中各随机抽取一个样本，并请求每个人回答在三类节目中他喜欢哪一类，调查结果如下表 （α=0.05）。试问：不同年龄段的人对电视节目类型的喜欢是否一致？

年龄小组总体	电视节目类型			合计
	A	B	C	
30 岁以下	120	30	50	200
30~45 岁	10	75	15	100
45 岁以上	10	30	60	100
合计	140	135	125	400

练习3：用某新药治疗血吸虫病患者，采用三天疗法。在治疗前及治疗后测量 7

名患者的血清谷丙转氨酶（SGPT）的变化，以观察该新药对肝功能的影响。问四个阶段的 SGPT 有无差别？每两个阶段的 SGPT 有无差别？

【实验数据】

练习 1：SPSS 数据文件"20AB 仪器测量数据.sav"。

练习 2：SPSS 数据文件"20 电视节目喜好类型数据.sav"。

练习 3：SPSS 数据文件"20 血清谷丙转氨酶数据.sav"。

【实验步骤】

练习 1

（1）调入数据文件"20AB 仪器测量数据.sav"。

（2）选择【分析】—【非参数检验】—【2 个相关样本】，将"仪器 a"和"仪器 b"放入"检验对"，单击【确定】，如图 20 - 1 所示。输出结果。

图 20 - 1　两个关联样本检验对话框

练习 2

（1）调入数据文件"20 电视节目喜好类型数据.sav"。

（2）选择【分析】—【非参数检验】—【K 个独立样本】，将"节目类别"放入"检验变量列表"，"年龄组"放入"分组变量"，"定义组"分别为 1 和 3，单击【继续】—【确定】，如图 20 - 2 所示。

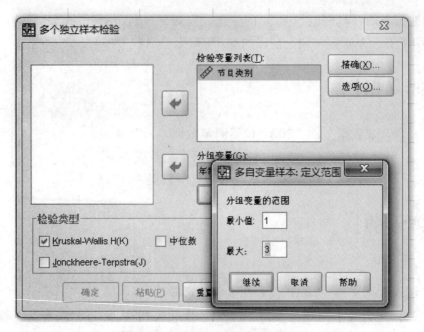

图20-2 多个独立样本检验对话框

练习3

（1）调入数据文件"20 血清谷丙转氨酶数据 . sav"。

（2）选择【分析】—【非参数检验】—【K 个相关样本】，将"治疗前"、"治疗后（一周）"、"治疗后（二周）"、"治疗后（四周）"放入"检验变量列表"，单击【确定】，如图20-3所示。

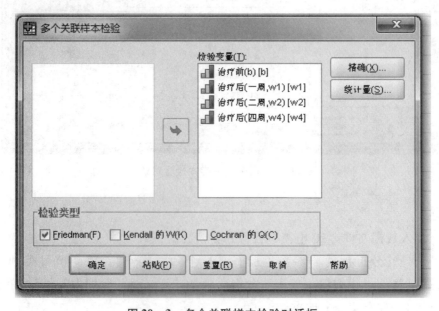

图20-3 多个关联样本检验对话框

· **110** ·

实验二十一 因子分析

【实验目的】

掌握利用 SPSS 进行因子分析；作为利用因子分析进行综合评价。

【实验内容】

练习1：已知浙江省某年各城市社会指标数据，数据见 SPSS 数据文件 "21 浙江省社会指标数据.sav"。利用因子分析法对该年浙江省社会发展情况进行综合评价。

练习2：大学生价值观的影响因素包括合作性、对分派的看法、行为出发点、工作投入程度、对发展机会的看法、对社会地位的看法、权力距离、对职位升迁的态度以及领导风格偏好等9项，每项满分为20分，某校抽查了20名同学，调查结果见 SPSS 数据文件 "21 大学生价值观调查数据.sav"。试对其进行因子分析。

【实验数据】

练习1：SPSS 数据文件 "21 浙江省社会指标数据.sav"。
练习2：SPSS 数据文件 "21 大学生价值观调查数据.sav"。

【实验步骤】

练习1

（1）调入数据文件 "21 浙江省社会指标数据.sav"。
（2）选择"分析"—"降维"—"因子分析"，将变量选择到变量框，如图 21 – 1 所示。

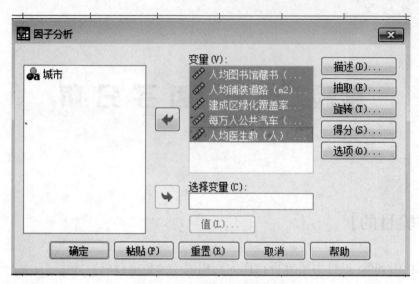

图 21 - 1　因子分析对话框

（3）在"描述"中选择"KMO 和 Bartlett 的球形度检验"，分析该数据是否可用因子分析法，如图 21 - 2 所示。

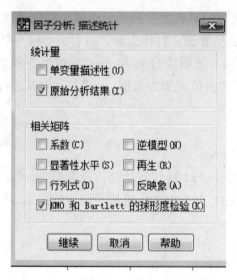

图 21 - 2　因子分析：描述统计对话框

（4）在"抽取"中选择"主成份法"和"碎石图"，对公因子方差和解释总方差进行分析，如图 21 - 3 所示。

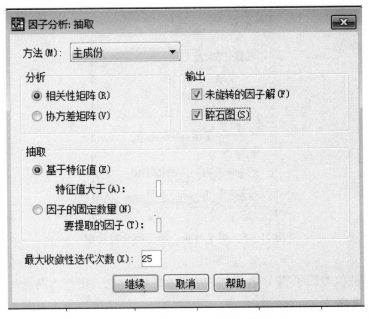

图 21 −3　因子分析：抽取对话框

　　（5）在"旋转"中选择"最大方差法"，对旋转成份矩阵进行解释，如图 21 − 4 所示。

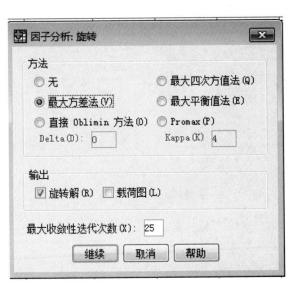

图 21 −4　因子分析：旋转对话框

　　（6）在"得分"中选择"保存为变量"和"回归"法，如图 21 −5 所示。

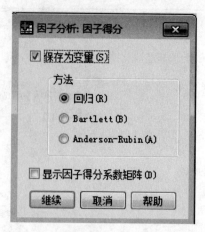

图 21 -5　因子分析：因子得分对话框

（7）用特征值对因子得分进行加权，求加权和 Z1；用"转换"—"个案排秩"对各省市进行排序。

练习 2

方法同练习 1。

主要参考文献

［1］薛微：《统计软件分析与 SPSS 的应用》，中国人民大学出版社 2001 年版。

［2］李志辉、罗平：《SPSS for Windows 统计分析教程（第二版）》，电子工业出版社 2003 年版。

［3］蔡建琼、丁慧芳、朱志洪等：《SPSS 统计分析实例精选》，清华大学出版社 2006 年版。

［4］李金林、赵中秋：《管理统计学》，清华大学出版社 2006 年版。

［5］李金林、马宝龙：《管理统计学应用与实践》，清华大学出版社 2007 年版。

［6］杜志渊：《常用统计分析方法——SPSS 应用》，山东人民出版社 2006 年版。

［7］朱建平、殷瑞飞：《SPSS 在统计分析中的应用》，清华大学出版社 2007 年版。

［8］赖国毅、陈超：《SPSS17 中文版统计分析典型实例精粹》，电子工业出版社 2010 年版。

［9］李勇：《统计学基础实验（SPSS）》，西南财经大学出版社 2012 年版。

［10］杜强、贾丽艳：《SPSS 统计分析从入门到精通》，人民邮电出版社 2011 年版。